나미 부부의

그리스신화 속 꽃
스토리텔링

이광만 · 소경자 지음

 나무와 문화 연구소

나미 부부의

그리스신화 속 꽃
스토리텔링

●

1쇄 발행 · 2018년 11월 27일
지은이 · 이광만 · 소경자
발 행 · 이광만
출 판 · 나무와 문화 연구소

●

등 록 · 제2010-000034호
카 페 · cafe.naver.com/namuro
e-mail · visiongm@naver.com
ISBN · 979-11-964254-1-8 03210

정 가 · 17,000원

※ 이 도서는 한국출판문화산업진흥원의 출판콘텐츠 창작 자금 지원
   사업의 일환으로 국민체육진흥기금을 지원받아 제작되었습니다.

국립중앙도서관 출판예정도서목록(CIP)

(나미 부부의) 그리스신화 속 꽃 스토리텔링 : 그리스신화에
나오는 재미있는 꽃 이야기 / 저자: 이광만, 소경자. — [
대구] : 나무와 문화 연구소, 2018
    p. ;   cm

색인수록
ISBN 979-11-964254-1-8 03210 : ₩17000

그리스 신화[--神話]
식물(생물)[植物]

219.21-KDC6
292.13-DDC23   CIP2018036969

저 | 자 | 소 | 개

이 광 만 _나무와 문화 연구소 소장

경북대학교 전자공학과에서 학사 및 석사학위를 받았다. 그 후 20년 동안 이와 관련된 분야에서 근무하다가 2005년 조경수 재배를 시작하여, 대구 근교에서 조경수 농장을 운영하고 있다. 2012년 경북대학교 조경학과에서 석사학위를 받았으며, 현재 조경 관련 일과 나무와 관련된 책 집필 및 '나무스토리텔링' 강연활동을 하고 있다. 숲해설가, 산림치유지도사, 문화재수리기술자(조경).
저서로는 ≪나무 스토리텔링≫, ≪성경 속 나무 스토리텔링≫, ≪한국의 조경수(1)(2)≫, ≪나뭇잎 도감≫, ≪그림으로 보는 식물용어사전≫, ≪겨울눈 도감≫, ≪우리나라 조경수 이야기≫, ≪전원주택 정원 만들기≫, ≪문화재수리기술자(조경)≫, ≪문화재관련법령≫ 등이 있다.

소 경 자 _나무와 문화 연구소 부소장

경북대학교 화학과에서 학사 및 석사학위를 받았다. 그 후 오랫동안 교사로 근무하였으며, 지금은 숲해설가 및 식물의 원예활동을 통한 인간의 신체와 정신의 치유를 도모하는 원예치료복지사로 활동하고 있다. 〈나무와 문화 연구소〉에서 원예치료 및 산림분야를 연구하고 있다. 숲해설가, 원예치료복지사.
저서로는 ≪성경 속 나무 스토리텔링≫, ≪한국의 조경수(1)(2)≫, ≪나뭇잎 도감≫, ≪그림으로 보는 식물용어사전≫, ≪겨울눈 도감≫, ≪우리나라 조경수 이야기≫, ≪전원주택 정원 만들기≫ 등이 있다.

나무와 문화 연구소

나무와 문화 연구소 _cafe.naver.com/namuro

나무와 문화 연구소

〈나무와 문화 연구소〉는 2010년에 설립된 출판사로 나무를 비롯하여 식물과 관련된 책을 출간하고 있다. 또, 출판사 카페 〈나무와 문화 연구소〉를 통해서 식물도감, 조경수, 정원 등 조경에 대한 종합적인 정보를 제공하고 있다.

그리스에는 기원전 삼천 년경부터 지중해의 크레타 섬을 중심으로 하는 크레타 문명이 있었으며, 이 문명은 그리스 본토에까지 여러 면에서 영향을 끼쳤다. 그리고 기원전 이천 년경부터 아카이아 인이라고 하는 고대 그리스 민족집단이 펠로폰네소스 반도로 남하하여 미케네 문화를 구축하였으며, 기원전 12세기경에는 도리아인이 그리스 본토로 침입해와서 그리스 문화 형성에 크게 기여하였다. 이처럼 그리스는 본토의 선주민들과 이곳으로 유입되거나 침입해온 이주민들이 섞여 고대 그리스 문화와 신앙을 형성하였다. 그리스 신화는 이러한 역사적 배경 속에서 오랜 시간에 걸쳐 만들어진 것이다.

오늘 날까지 많은 사람들이 읽고 있는 그리스 신화는, 고대 그리스인들이 만들어 낸 신화와 전설을 바탕으로 이웃 민족의 신화를 종합하여 발전시킨 것이다. 주요 부분은 이미 선사시대에 형성된 것이라고 한다. 따라서 그 내용이 방대하고 풍부할 뿐 아니라, 여러 가지 요소가 혼합되어 나타난다.

또 시대를 거치면서 신화의 내용이 복잡해져서 여러 가지 불일치하거나 모순된 내용이 나타나는 것 역시, 그리스 신화의 특징이라고 할 수 있다. 이뿐 아니라, 호메로스와 헤시오도스를 비롯하여 신화와 전설을 전하는 문학작품의 저자들에 의해 그 내용이 여러 가지로 해석되고 변형되기도 하였다.

그리스 신화는 많은 연극작품을 비롯하여 고대 시와 서사시의 주제를 이루었으며, 철학자들과 사상가들의 사상에도 큰 영향을 미쳤다. 이후 로마인들이 그리스 신화를 사실상 그대로 받아들여 자신들의 사상에 편입시켰다. 이것이 현대에 이르기까지 재생되고 재해석됨으로써 미술과 문학 등 서양의 대표적인 교양물이 되었으며, 지금도 서양의 수많은 문학, 미술, 음악, 연극, 영화 작품에 단골 메뉴로 등장한다. 또 그리스 신화에서 비롯된 용어가, 현재 우리가 사용하고 있는 용어의 바탕이 된 것도 많다.

그리스 신화 속에 나오는 제우스, 포세이돈, 아테나, 아폴론, 디오니소스 같은 신들의 이름은 현재에도 여전히 우리에게 친숙한 느낌이어서, 수천 년의 시공의 벽을 뛰어 넘는 그리스 신화의 지대한 문화적 생명력을 실감하게 한다. 그리스 신화를 읽어보면, 고대 그리스인이 느끼는 기쁨과 슬픔, 그리고 분노와 질투 같은 감정이 현재 우리가 느끼는 것과 별 차이가 없다는 생각이 든다. 따라서 그리스 신화가 비록 먼 옛날, 그 것도 먼 유럽 땅에서 만들어진 이야기이지만, 현시대를 살아가는 우리의 이야기라고 해도 무방할 것이다.

《그리스신화 속 꽃 스토리텔링》은 그리스 신화 중에서 식물과 관련된 이야기를 골라 모은 것이다. 슬픈 사랑의 이야기, 낭만이 가득한 이야기, 마음을 따뜻하게 해 주는 부부의 이야기, 신과 영웅 그리고 님프들의 아름다운 마음 또는 추한 마음을 그대로 비춰주는 이야기이다.

이 책은 그리스 신화 속에 나오는 51종의 식물을 4개의 파트로 나누어 기술하였다. 첫 번째 파트에서는 제우스를 비롯한 올림포스 신들이 주연으로 나오는 이야기이고, 두 번째 파트에서는 헤라클레스를 비롯한 신화 속의 영웅들이 주연으로 등장하는 이야기이다. 또 세 번째 파트에서는 아네모네 등 님프들의 이야기를, 그리고 마지막 파트에서는 그리스 신화 속에 나오는 인간들과 관계있는 이야기들로 구성하였다.

아무쪼록 이 책을 읽는 많은 독자들이 그리스 신화 속에 나오는 식물 이야기를 통해 한층 더 그리스 신화와 친숙해지고, 더 많은 교양을 쌓는 기회가 되었으면 하는 바람 이다.

2018년 11월 **이광만 · 소경자**

PART **02** 영웅들의 이야기

나미 부부의
그리스신화 속 꽃 스토리텔링

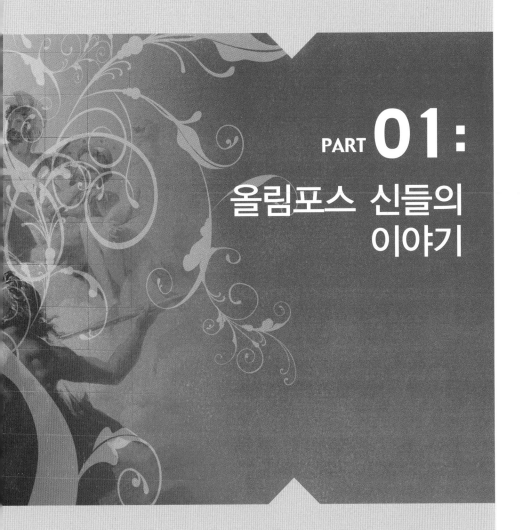

PART **01** :

올림포스 신들의 이야기

나미 부부네
그리스신화 속 꽃 스토리텔링

아네모네
아도니스의 죽음

아프로디테의 아들 에로스는 사랑을 담당하는 신이다. 어느 날, 아프로디테가 에로스와 놀다가, 잘못해서 에로스의 화살에 자신의 가슴이 상처를 입게 되었다. 아프로디테는 그 상처가 낫기도 전에, 시리아의 왕자인 아도니스라는 아름다운 청년을 보고 한눈에 그를 사랑하게 되었다.

그 후 그녀는 천상에 있기보다도 아도니스와 함께 지상에 있는 것을 더 좋아하게 되었다. 그리고 그때까지는 자신의 아름다움을 지키기 위해 그늘에서 휴식을 즐겼지만, 그 후로는 사냥의 여신 아르테미스와 같은 옷차림을 하고 숲 속을 뛰어다니거나 산을 이리저리 돌아다니며 사냥하는 것을 즐겼다. 그러나 암사슴이나 산토끼 같은 순한 동물만 사냥하고, 늑대나 멧돼지 같이 사냥꾼을 향해 돌진해오는 짐승은 피해 다녔다. 그리고 아도니스에게도,

"사자나 멧돼지 같이 사나운 짐승은 뒤쫓아 가지 마세요. 나는 당신이 생명을 내놓을 정도로 훌륭한 사냥꾼이 되는 것을 원치 않아요. 나의 이 행복을 지켜주세요."

라는 말을 자주 했다. 하지만 아도니스는 그 충고를 받아들이기에는 너무나 혈기왕성한 젊은이였다. 한번은 사냥개들이 굴에서 멧돼지를 몰아내는 것을 보고, 멧돼지를 향해 힘껏 창을 던졌다. 그러나 창은 멧돼지의 급소를 빗겨가고 말았다. 상처를 입은 멧돼지는 미친 듯이 날뛰며 아도니스에게 돌진해왔다. 그리고는 날카로운 어금니로 그의 옆구리를 마구 물어뜯었다.

이륜마차를 타고 키프로스 섬으로 가던 아프로디테는 사랑하는 연인의 비명소리를 듣고, 급히 지상으로 돌아왔다. 그리고 거기에서 그녀가 본 것은 피로 범벅이 된 아도니스의 시신이었다. 아프로디테는 아도니스를 끌어안고,

> "나는 결코 당신의 죽음을 잊지 않을 거예요. 나의 슬픔도 영원히 사라지지 않을 겁니다. 나의 사랑 아도니스여, 당신이 흘린 피를 꽃으로 변하게 하리다. 그 누구도 우리의 사랑을 잊지 않도록."

라고 말하며, 아도니스가 흘린 피 위에 신의 술 넥타르를 뿌렸다. 피와 술이 섞이자 작은 거품이 일더니, 그 속에서 한송이의 석류꽃 같은 붉은색 꽃이 피어나왔다.

그러나 그것은 덧없는 꽃이었다. 부드러운 바람에 꽃이 피더니, 다시 한번 바람이 부니 꽃잎은 바람에 날아가버렸다. 그래서 사람들은 그 꽃을 아네모네라 불렀다. 아네모네란 그리스어 아네모스바람에서 유래된 이름으로 '바람의 꽃'이라는 의미이다. 바람에 의해, 꽃이 피었다가 지기 때문이다.

아도니스의 죽음에 관해서는 다음과 같은 이야기도 전해진다.

지하세계의 여왕 페르세포네와 아프로디테가, 미소년 아도니스를 차지하려고 서로 싸웠다. 아도니스의 출생에 대해서는 몰약꽃에 관한 이야기에 자세하게 나와있는데, 스미르나가 자기 아버지 키니라스를 사랑한 결과 태어난 것이 아도니스이다. 아프로디테가 이런 불행한 출생의 비밀을 가지고 태어난 아도니스를 몰래 페르세포네에게 데리고 가서,

라고 부탁했다. 그러나 페르세포네는 아도니스가 점점 아름다운 청년으로 성장하면서 그에게 사랑을 느끼고, 마침내 아프로디테에게 돌려주지 않기로 마음을 먹었다.

그래서 아도니스를 사이에 두고 다툼이 일어나자, 제우스는 봄부터 여름까지는 아프로디테와 가을부터 겨울까지는 페르세포네와 살도록 정해주었다. 그러나 아프로디테는 아도니스가 지하세계로 돌아갈 때가 되었는데도, 그를 자기 곁에 두고 떠나보내려 하지 않았다.

그러자 페르세포네는, 아프로디테의 연인인 전쟁과 파괴의 신 아레스에게 아프로디테의 불륜 사실을 일러바쳤다. 이에 화가 난 아레스는 사나운 멧돼지로 변신하여, 아도니스를 습격했다. 그래서 아도니스가 흘린 피에서 아네모네가 생겨나고, 그의 죽음을 슬퍼하는 아프로디테의 눈물은 장미꽃이 되었다고 한다.

아도니스복수초 종류라는 꽃이 있는데, 아도니스가 죽은 후에 변신한 것이 이 꽃이라는 이야기도 있다. 아도니스도 아네모네도 같은 미나리아재비과 소속이다.

◀ **아네모네** anemone
- **학명** : *Anemone*
- **원산지** : 지중해 연안
- **꽃말** : 기다림, 속절 없는 사랑, 슬픈 추억

● 〈아프로디테와 아도니스〉
페테르 파울 루벤스

데이지
에로스와 프시케

사랑의 신 에로스는 활을 가지고 온 세상을 돌아다니며, 사랑의 화살을 쏘았다. 매일 쉬지도 못하고 사랑을 맺어주어야 하기 때문에, 이 일이 싫다고 느낀 적도 있었다. 에로스의 이런 기분을 알아차린 어머니 아프로디테는, 아들에게도 인간과 같은 경험을 시켜주어야겠다고 생각하고, 그를 지상으로 내려보냈다.

지상에 내려온 에로스는 사랑할 상대를 구하기 위해 여기저기 돌아다녔지만, 생각처럼 자신에게 맞는 상대를 찾기란 그리 쉬운 일이 아니었다. 모든 것을 포기하고 다시 천상으로 돌아가려고 하던 차에, 프시케를 만나게 되었다. 처음 보는 순간 둘은 서로 잡아당기는 것 같은 느낌을 받았으며, 바로 사랑에 빠지게 되었다.

그리고 행복한 날들이 흘러갔다. 그러는 사이에 에로스는 신으로서의 자신의 본래 일에 싫증을 느끼고, 인간적인 즐거움에만 빠져들었다. 그러나 어느 순간부터 인간적인 즐거움도 한심스러워 보이고, 인간과의 생활도 괴로운 짐이 되어 자신을 억누르는 것 같았다. 결국 그것을 견뎌내지 못하게 된 에로스는, 프시케와의 생활을 정리하기로 결심했다.

마침내 에로스가 천상으로 돌아갈 때가 되어, 둘은 함께 사랑을 키워온 목장을 찾아갔다. 에로스는 그때까지 자신들에게 도움을 준 목장에게 감사를 표시하고 싶다는 생각이 들어서, 하늘을 우러러 보며,

"별을 하나 내려주세요."

라고 기도를 올렸다. 그러자 별이 하나 떨어지더니, 데이지로 변했다. 데이지는 순식간에 온 목장에 퍼졌으며, 그 아름다움은 하늘에 가득한 별에 비해 결코 뒤지지 않았다. 이렇게 해서, 에로스는 프시케와의 사랑의 표시로 지상에 데이지꽃을 피웠다고 한다.

이와는 다른 에로스와 프시케의 사랑이야기도 있다. 우리가 잘 알고 있는 이 이야기에는 식물이 나타나지는 않지만, 진정한 사랑이 무엇인지 말해주고 있다.

옛날 어느 나라에 딸 셋을 둔 왕이 있었다. 두 명의 언니도 보통 이상의 미인이었지만, 막내딸 프시케는 두 언니와는 비교가 되지 않을 정도로 아름다웠다. 미의 여신 아프로디테로 오인을 받을 정도로 아름다웠다고 한다. 그 아름다움에 압도된 탓인지, 프시케에게는 구혼하는 남자가 없었다. 아프로디테는 자신과 비견할 만큼 아름다운 아가씨가 있다는 사실 자체가 기분 나쁜 일이었다. 그래서 복수하기로 마음먹고, 아들 에로스에게,

"프시케의 가슴을 향해 화살을 쏘아라. 그래서 그녀가 하잘 것 없는 남자를 사랑하게 만들어라."

라고 명령하였다. 선천적으로 성격이 쾌활하고 장난을 좋아하는 에로스는, 어머니의 명령에 더욱 장난기가 발동했다. 에로스는 얼른 프시케가 있는 곳으로 갔다. 그러나 그녀를 보는 순간, 그녀의 아름다움에 매료되어 정신을 잃고 바라보다가, 자신의 가슴을 향해 화살을 발사하고 말았다. 그래

서 에로스는 프시케와 사랑에 빠지게 되었다.

이 사실을 알게 된 프시케의 부모는, 걱정이 되어 신탁을 구하기로 했다. 그러자 그녀에게 신부 옷을 입혀, 괴물에게 인신공양을 해야 한다는 답이 내려졌다. 그래서 그녀를 산꼭대기 위에 있는 바위로 데려가서 거기에 눕혔다. 그때 갑자기 강한 바람이 불어와 그녀를 깊은 계곡으로 데려갔다. 정신을 차리고 보니 그곳은 아름다운 궁전이었다. 안으로 들어가자, 모습을 드러내지 않은 하인이 그녀의 시중을 들어주었다. 밤이 되자 한 남자가 우아하게 그녀에게 다가와서, 둘은 부부의 인연을 맺었다. 남편은 프시케에게 자신의 모습을 보여주지 않았기 때문에, 프시케는 불안을 느끼기는 했지만 행복한 나날을 보냈다.

그러는 동안, 프시케는 자신의 가족을 만나고 싶다고 남편에게 말했다. 남편은 반대했지만, 아내가 너무나 간절히 원하기 때문에, 바람을 일으켜 그녀를 집으로 데려다 주었다. 프시케가 집으로 돌아오자, 두 언니가 그녀를 찾아왔다. 프시케가 너무나 행복해하는 모습을 보고 두 언니는 질투심이 끓어올랐다.

"너는 좋은 남편이라고 말하지만, 모습을 보여주지 않는 것이 이상하다고 생각되지 않아? 그 사람은 틀림없이 뱀일거야. 그래서 빛을 무서워하는 거야. 다음에 그 사람이 오면, 횃불을 켜서 얼굴을 확인해봐라."

라고 하며 프시케를 부추겼다.

사실 프시케도 그때까지 한 번도 모습을 보여주지 않은 남편에게 불안함을 느끼고 있었다. 그래서 궁전으로 돌아오자, 언니들이 말한 대로 잠자리에서 횃불을 켰다. 그런데 그녀 옆에 누워서 잠을 자고 있는 것은 에로스였다. 횃불에 놀라 눈을 뜬 에로스는,

"믿음이 없는 곳에서는 사랑이 생기지 않는다."

● 〈에로스와 프시케〉
프랑수아 제라르

라는 말을 남기고 궁전을 떠나버렸다.

프시케는 자신의 불신과 경솔함으로 인해 남편을 잃게 되었다는 것을 알고, 슬픔의 날을 보냈다. 그리고,

"지금부터 나의 일생은 그분을 찾는 것에 모두 바치겠다. 내가 어느 정도 그분을 사랑하는가를 반드시 확인해보이겠다."

라고 다짐했다. 이후 프시케는 식음을 전폐하고, 남편을 찾아 밤낮없이 떠돌아다녔다. 그러나 에로스의 어머니 아프로디테의 책략으로 여러 가지 어려운 일을 겪지 않으면 안되었다. 자식이 사랑하는 여자가 자신이 미워하는 프시케라는 것을 알고, 한층 더 격렬한 증오심에 사로잡혀 그녀를 괴롭히기 시작했다.

한번은 아프로디테가 밀 · 보리 · 좁쌀 · 기장 · 완두 · 양귀비 씨 등이 섞여있는 신전의 창고에서, 하룻밤에 이들을 종류별로 가려내는 일을 시킨 적이 있었다. 이 일은 들판의 주인인 작은 개미들이 도와주어서 무사히 마칠 수 있었다. 험한 바위산에서 떨어지는 스틱스 강의 생명수를 길러오라는 명령은 독수리가 대신해주었다. 또 병을 주며, 지하세계의 여왕 페르세포네에게 가서 향수를 얻어오라고 했다. 그리고 도중에 절대로 병뚜껑을 열어봐서는 안된다는 말도 덧붙였다. 프시케가 천신만고 끝에 향수를 얻어 돌아오는 길에, 호기심을 참지 못하고 향수병 뚜껑을 열어보았다. 그러자 그녀는 죽음과 같은 깊은 잠에 빠져버리고 말았다.

한편 에로스도 마음의 상처가 치유되어, 사랑하는 프시케를 보고 싶은 마음이 간절해졌다. 그래서 프시케가 누워있는 곳으로 날아갔다. 깊은 잠에 빠져있는 프시케를 발견하고, 화살로 그녀를 쏘아 잠에서 깨워 올림포스로 데리고 갔다. 그리고 제우스에게 이때까지의 일을 자세히 설명하고 설득하여 인정받게 되었다. 더 기쁜 것은 프시케가 자신의 어머니 아프로

디테와도 화해하게 된 일이었다. 그리고 시간이 흘러 에로스와 프시케 사이에 딸이 태어났는데, 그 아이의 이름은 행복Happiness이었다. 이렇게 해서 에로스사랑와 프시케마음는 여러 가지 시련을 겪으면서 진정한 행복을 얻을 수 있었다.

■ 프시케 Psyche
정신의학을 이르는 영어 사이카이어트리(psychiatry)는 프시케의 이름에서 유래된 것이다.

◀ 데이지 daisy
• 학명 : *Bellis perennis*
• 원산지 : 유럽
• 꽃말 : 희망, 평화, 수줍음

● 〈프시케를 떠나는 에로스〉
앙투안 코와펠

작약
약초로 변한 명의

작약은 아름다운 꽃을 피우기도 하지만, 오래전부터 여러 가지 효능이 있는 약초로도 널리 알려진 식물이다.

죽은 자도 살려낸다는 의술의 신 아스클레피오스에게는 파이안이라는 젊은 제자가 있었다. 파이안은 다산의 여신 레토가 알려준 신기한 식물의 뿌리를 손에 넣음으로써, 의사로서 높은 명성을 얻게 되었다. 레토가 제우스의 아들을 임신했을 때, 그 식물의 뿌리로 해산의 고통을 줄일 수 있었다.

트로이 전쟁에서 다친 신들을 치료해준 것도 파이안이었다. 이때는 아폴론이 명의로 명성이 높았던 파이안 '치료하는 자'라는 의미으로 모습으로 바꾸어 치료한 것이라고 한다. 헤라클레스가 필로스 왕국을 공격했을 때, 하데스가 그의 화살에 부상을 당한 적이 있었다. 그때 그는 곧바로 올림포스로 가서 파이온에게 상처를 치료받아 무사할 수 있었다.

이처럼 파이안이 스승인 아스클레피오스보다 더 높은 명성을 얻게 되자, 질투심이 발동한 아스클레피오스는 파이안을 죽이고 만다. 이때 하데스는 자신을 구해준 파이안을 잊지 않고 있다가, 그가 죽었다는 소식을 듣고 그를 불가사의한 약초로 변하게 하였다. 그 식물이 피오니^{작약}이다.

또 다른 이야기에 의하면, 레토가 파이안이 준 식물의 뿌리를 먹고 아폴론과 아르테미스 쌍둥이를 무사히 순산했다고 한다. 그래서 레토가 그의 죽음을 애도하여, 제우스에게 부탁해서 그를 피오니^{작약}로 변하게 했다고 한다.

■ 파이안 Paeon

작약의 학명 파에오니아(*Paeonia*)는 작약을 최초로 약으로 이용한, 파이안의 이름에서 유래된 것이다.

■ 아스클레피오스

의술의 신 아스클레피오스의 지팡이에는 뱀 한 마리가 그려져 있으며, 전세계적으로 의료과 의술의 상징으로 사용된다.

◀ **작약** peony
- 학명 : *Paeonia lactiflora*
- 원산지 : 중국
- 꽃말 : 수줍음

팬지
에로스의 모습이 깃든 꽃

팬지꽃이 왜 그렇게 귀여운 모습을 하고 있는지에 관한 이야기이다.

사랑의 신 에로스가 봄바람을 타고 지상에 내려와서 들판을 떠돌아다니고 있었다. 무심코 자기 발밑을 보았는데, 무성한 잡초 속에 이름 모를 귀여운 꽃이 피어있었다. 꽃색도 아름답고, 향기도 좋은 꽃이었다. 에로스는,

"이처럼 귀여운 꽃이 사람들이 알지 못하는, 이런 한적한 곳에 피어 있다니?"

라고 하며, 그 꽃을 아주 마음에 들어했다.

"남의 눈에 잘 띄지 않는 곳에 핀 것을 보니, 너는 참 예쁜 마음을 가졌구나. 너에게 나의 모습을 비춰주겠다. 지금부터 너는 점점 더 아름답고 귀여운 꽃을 피우게 될 것이다. 그리고 이 세상에 사랑과 희망을 널리 전파하게 될 것이다."

라고 말하며, 꽃잎에 살짝 키스를 했다. 이 꽃이 팬지인데, 꽃 속에 에로스의 모습이 깃들어 있어서, 더욱 아름다운 꽃을 피우게 되었다고 한다.

토막**상식**

● 그리스 · 로마 신화 속 신들의 이름

그리스 신화	로마 신화	영어 이름
제우스	유피테르	쥬피터
헤라	유노	주노
포세이돈	넵투누스	넵튠
레아	키벨레	시빌레
헤스티아	베스타	–
데메테르	케레스	세레스
아테나	미네르바	–
아폴론	아폴로	아폴로
아르테미스	디아나	다이아나
아레스	마르스	마스
헤파이스토스	불카누스	벌컨
아프로디테	베누스	비너스
헤르메스	메르쿠리우스	머큐리
에로스	쿠피도	큐피드
디오니소스	바쿠스	바커스
크로노스	사투르누스	새턴
하데스	플루톤	플루토
페르세포네	프로세르피네	–
네메시스	포르투나	포천

◀ 팬지 pansy
• 학명 : *Viola tricolor* var. *hortensis*
• 원산지 : 유럽
• 꽃말 : 나를 생각해주세요, 사색, 사랑의 추억

그리스신화 속 꽃 스토리텔링

양귀비
히프노스의 궁전에 피는 꽃

잠의 신 히프노스는 꿈의 신 모르페우스의 아버지이며, 죽음의 신 타나토스와는 형제지간이다. 히프노스의 궁전은 깊은 산속에 있는 동굴, 그 중에서도 가장 깊숙한 곳에 있다. 그곳은 단 한 번도 태양신이 방문한 적이 없으며, 항상 구름과 안개로 덮인 음울한 곳이다. 인간이나 짐승 또는 새들조차 한 번도 다녀간 적이 없으며, 들리는 것이라곤 오직 저승으로 통하는 레테의 강이 흐르는 소리뿐이다.

헤라의 명령으로, 무지개의 신 이리스가 이 궁전을 방문한 적이 있었다. 이리스가 히프노스의 궁전에 도착해보니, 주위에는 온통 양귀비꽃이 피어 있었다. 히프노스는 그 꽃을 따서 즙을 만들어, 밤이 오면 그 즙을 지상에 뿌려 모든 생물들을 잠재웠다. 그래서 양귀비꽃은 잠을 상징한다.

궁전을 지키는 파수꾼은 물론, 문을 잠그는 자물쇠조차 없다. 궁전 안에는 검은 비단 천으로 장식된 흑단 침대가 하나 있을 뿐이다. 히프노스는 그 침대 위에 편안한 모습으로 누워 있고, 주위에는 꿈들이 우글우글 모여 있는 것이 보인다. 기묘하게도 이들은 모두 같은 모습을 하고 있어서 전혀 구별되지 않지만, 신의 명령으로 인간의 잠 속에 들어가면 꿈을 볼 수가 있다.

■ **히프노스** Hypnos
최면술을 뜻하는 영어 히프너티즘(hyponotism)은 히프노스의 이름에서 유래된 것이며, 불면증을 뜻하는 영어 인솜니아(insomnia)도 히프노스의 라틴어 이름 솜누스(Somnus)에서 유래된 것이다.

◀ **양귀비** poppy
• 학명 : *Papaver somniferum*
• 원산지 : 지중해 연안, 소아시아
• 꽃말 : 위로, 위안, 망각, 잠

● 〈잠의 신 히프노스와 죽음의 신 타나토스〉
존 윌리엄 워터하우스

헬리오트로프

태양을 향해 피는 꽃

　오케아노스와 테티스의 딸, 클리티에는 아름다운 물의 님프다. 그녀는 태양신 아폴론과 연인 사이로, 둘은 행복한 나날을 보내고 있었다. 그러나 아프로디테의 질투로 인해 둘의 사이는 멀어지게 되었다.

　아프로디테는 아레스와의 불륜이 들통나는 바람에 남편 헤파이스토스로부터 큰 망신을 당한다. 태양신 아폴론이 이 두 신의 불륜 관계를 헤파이스토스에게 고자질했기 때문이다. 아프로디테는 아폴론에게 앙심을 품고 복수하기 위해, 그의 아들 에로스를 불러서,

　"아폴론에게 화살을 쏘아, 레우코토에라는 처녀에게 마음을 뺏기게 해라."

　라고 말했다. 레우코토에는 페르시아 오르카모스 왕의 딸이다. 에로스의 화살을 맞은 아폴론이 레우코토에와 사랑에 빠지자, 오로지 아폴론만을 그리워하던 클리티에는 슬픔의 나날을 보낸다. 그래서 어떻게 해서든지 사랑을 되돌리려고, 클리티에는 레우코토에와 아폴론의 관계를 오르카모스 왕에게 고자질했다. 오르카모스 왕은 딸의 그릇된 행실을 가문의 치욕이라고

여겨, 딸을 산 채로 매장하여 죽이고 만다.

아폴론은 레우코토에의 죽음을 슬퍼하며, 그녀가 매장된 곳에 신의 음식 암브로시아를 뿌렸다. 그러자 그 자리에서 유향나무가 자라나 향기를 풍겼다. 그리고 아폴론은 클리티에가 밀고했다는 것을 알고, 그녀가 더 싫어졌다. 하지만 클리티에는 계속 아폴론을 쫓아다녔다. 그럴수록 아폴론은 그녀를 더욱더 멀리했다. 상심한 클리티에는 머리를 풀어헤친 채 땅바닥에 누워 아무 것도 먹지 않고, 태양만 바라보며 자신의 신세를 한탄했다. 그렇게 아흐레가 지나자, 그녀의 발은 땅바닥에 들러붙어 뿌리를 내리고, 머리카락은 잎으로 변했다. 그리고 얼굴은 헬리오트로프 꽃으로 변해, 아폴론이 있는 쪽으로만 향하고 있다.

헬리오트로프 heliotrope
헬리오스(helios)는 그리스어로 태양을 뜻하며, 헬리오트로프는 '태양을 향하는'이라는 뜻이다. 천연색 사진 헬리오크롬(heliochrome), 태양학 헬리올로지(heliology) 등이 여기에서 유래된 말이다.

◀ **헬리오트로프** heliotrope
• 학명 : *Heliotropium*
• 원산지 : 페루, 에쿠아도르
• 꽃말 : 나는 당신만을 바라봅니다, 헌신적인 사랑

크로커스

헤르메스의 슬픈 사랑

　전령의 신 헤르메스는 크로커스라는 아름다운 아가씨를 사랑하고 있었다. 눈이 내린 후 맑게 개인 어느 날, 헤르메스와 크로커스는 썰매를 타기 위해 설원으로 나갔다. 사방은 온통 은빛 세상이었으며, 바람 한 점 불지 않는 평온한 날이었다. 둘은 설원에서 썰매를 타기도 하고 눈밭을 구르기도 하며, 시간 가는 줄도 모르고 놀고 있었다.

　그러는 사이에 태양이 서쪽으로 기울고, 어느 사이엔가 찬 바람이 불어와 추워지기 시작했다. 그들은 빨리 돌아가지 않으면 안되겠다고 생각하고, 급히 돌아갈 채비를 하기 시작했다. 먼저 크로커스를 썰매에 태우고 헤르메스가 타려는 순간, 갑자기 강한 바람이 불어왔다. 크로커스를 태운 썰매는 강풍에 밀려, 계곡 아래로 미끄러져 떨어지고 말았다. 당황한 헤르메스가 썰매를 뒤쫓아 갔지만, 썰매도 크로커스도 보이지 않고 보이는 것이라고는 오직 흰 눈뿐이었다. 헤르메스는,

"크로커스, 어디에 있어요?"

라고 외쳐보았지만 공허한 메아리만 돌아올 뿐이었다. 헤르메스는 급한 마음에 여기저기 찾아보았지만, 어디에서도 크로커스의 모습은 보이지 않았다. 지친 헤르메스는 마지막으로 계곡 맨 아래쪽으로 내려가 보았다. 그런데 그곳에서 무언가를 발견했다. 그것은 조각난 썰매와 새하얀 눈을 피로 물들인 채 쓰러져있는 크로커스였다. 헤르메스는 깜깜한 밤이 될 때까지, 그녀를 소생시키기 위해 온갖 방법을 다 써보았다. 하지만 두 번 다시 그녀의 눈을 뜨게 할 수는 없었다.

다음해 겨울이 찾아왔지만, 헤르메스는 사랑하는 크로커스를 잊을 수가 없었다. 그래서 다시 크로커스가 죽은 계곡으로 가보았다. 그런데 놀랍게도 크로커스가 피를 흘린 자리에 아름다운 꽃이 피어있었다. 헤르메스는 이 꽃이 죽은 크로커스가 변해서 된 것이라고 생각했다. 그리고 먼저 간 연인을 그리워하며, 이 꽃에 크로커스라는 이름을 붙여주었다. 그 후, 이맘때가 되면 크로커스는 둘의 사랑을 기념이라도 하려는 것처럼, 사랑스러운 꽃을 피우기 시작했다.

헤르메스

전령의 신 헤르메스는 케리케이온 또는 카두케우스라 불리는 지팡이를 들고 다니는데, 이 지팡이에는 두 마리의 뱀이 엉켜있다.

금잔화

아폴론과 소년

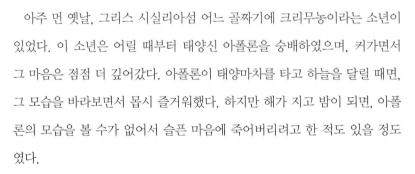

아주 먼 옛날, 그리스 시실리아섬 어느 골짜기에 크리무농이라는 소년이 있었다. 이 소년은 어릴 때부터 태양신 아폴론을 숭배하였으며, 커가면서 그 마음은 점점 더 깊어갔다. 아폴론이 태양마차를 타고 하늘을 달릴 때면, 그 모습을 바라보면서 몹시 즐거워했다. 하지만 해가 지고 밤이 되면, 아폴론의 모습을 볼 수가 없어서 슬픈 마음에 죽어버리려고 한 적도 있을 정도였다.

이렇게 크리무농은 아폴론을 그리워하며 하루하루를 보냈다. 아폴론도 그의 이런 마음을 알게 되어 그를 좋게 생각하였으며, 둘 사이에는 어느 사이에 애정이 싹트게 되었다.

그러나 질투심 많은 구름의 신이 이 모습을 보고 시기하기 시작했다. 그래서 새벽이면 동쪽 하늘에서 기다리고 있다가 떠오르는 태양을 가려, 크리무농이 하루 종일 태양을 보지 못하게 했다.

이런 날이 여드레 동안이나 계속되었다. 매일매일 아폴론을 기다리며 애를 태우던 크리무농에게는, 그 여드레가 너무나 긴 시간이었다. 다음 날 아폴론이 모습을 나타내었을 때는, 이미 모든 것이 끝난 뒤였다. 소년은 아폴론을 애타게 기다리다가 지쳐 죽어버린 것이다.

아폴론은 자신을 기다리다가 지쳐, 바짝 말라 죽어있는 소년의 모습을 보고 매우 슬퍼하였다. 그래서 아폴론은 소년을 금잔화로 변하게 하여, 둘의 애정을 기념하기로 하였다. 지금도 금잔화가 태양을 바라보며 피는 것은, 소년과 아폴론의 변치 않는 사랑을 나타내는 것이라고 한다.

◀ **금잔화** calendula
• 학명 : *Calendula officinalis*
• 원산지 : 남유럽, 지중해
• 꽃말 : 이별의 슬픔, 비탄, 실망

캄파눌라

아프로디테의 거울

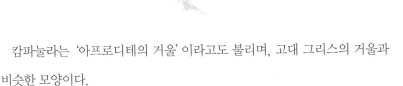

캄파눌라는 '아프로디테의 거울'이라고도 불리며, 고대 그리스의 거울과 비슷한 모양이다.

미와 사랑의 여신 아프로디테는 거울을 하나 가지고 있었는데, 그 속에 비치는 것은 무엇이나 아름다움을 증가시켜 보여주는 힘을 가진 마법의 거울이었다. 그래서 그녀는 항상 거울을 보며, 아름다운 자신의 모습에 도취되어 있었다.

그러던 어느날 아프로디테가 그 거울을 잃어버려, 아들 에로스에게 지상에 내려가서 그것을 찾아보라고 했다.

에로스가 지상에 내려가 보니, 거울을 주운 양치기가 그 속에 비친 자기 얼굴을 보고 넋을 잃고 있었다. 에로스는 자기 어머니의 보물인 거울에 비친 자신의 모습에 자아도취된 양치기에게,

"너 같은 촌뜨기가 내 어머니의 귀중한 물건을 노리개 삼아 놀고 있구나. 거울에 비친 가짜 얼굴에 반해서."

라고 화를 냈지만, 양치기는 여전히 즐거워하고 있었다. 화가 난 에로스는 양치기가 가지고 있던 거울을 빼앗아 버렸다. 그리고 돌려달라고 울부짖는 양치기를 남겨두고 하늘나라로 돌아왔다. 하지만 신의 물건인 거울의 자취가 들판에 남아, 꽃으로 피어났다. 그것이 '아프로디테의 거울'이라 불리는 캄파눌라다.

◀ **캄파눌라** campanula
• **학명** : *Campanula punctata*
• **원산지** : 한국, 일본, 동부시베리아
• **꽃말** : 감사, 충실, 정의

● 〈거울을 보는 아프로디테〉
티치아노 베첼리오

히아신스

아폴론과 미소년 히아킨토스

히아킨토스는 아미클라스의 아들로, 라코니아의 수도 스파르타에서 조금 남쪽에 있는 아미클라이라는 도시에서 태어났다. 그는 아름다운 눈매와 상기된 뺨을 가진 미소년이었다. 힘차게 달리는 그의 모습은 활의 신 아폴론의 마음을 사로잡았다. 아폴론은 히아킨토스와 함께 지내는 시간이 많아지면서, 델포이에 있는 그의 신전을 비우는 시간도 많아졌다. 그래서 신탁을 구하러 오는 인간들을 오래 기다리게 하는 일도 잦아졌다.

어느 날, 아폴론과 히아킨토스가 원반던지기 놀이를 하고 있었다. 아폴론이 하늘을 향해 힘차게 원반을 던졌다. 그것을 보고 있던 히아킨토스는 이번에는 자기가 던질 차례라고 생각하며, 위험한 것도 잊고 날아오는 원반을 따라갔다. 그때 원반이 땅에 맞고 튀어 올라, 히아킨토스의 이마에 맞고 말았다. 놀란 아폴론은 힘이 빠져 축 늘어진 히아킨토스의 사지를 주무르고 약초를 붙여주며, 그를 살리기 위해 온갖 조치를 취했지만, 그는 속절없이 숨을 거두고 말았다.

망연자실한 아폴론은 자신의 실수로 인해, 너무나 아름다운 젊은 청춘이 죽은 것을 슬퍼하며 서럽게 울었다. 그리고,

"너의 죽음은 다 내 탓이다. 나도 너와 함께 죽고 싶은 심정이지만, 나는 신이기 때문에 그렇게 할 수가 없구나. 하지만 너를 기억하면서 언제까지나 너와 함께 살아갈 것이다.
지금부터 너는 내 기억 속에, 또 내 노래 속에서 살아 있을 것이다. 그리고 너는 나의 슬픔을 아로새긴 꽃으로 다시 태어날 것이다."

라고 말했다. 그러자 이상하게도 히아킨토스가 흘린 피에서 꽃이 피어났다. 그 꽃은 후회를 나타내는 보라색이었다. 하지만 이것만으로는 아폴론의 슬픔을 가시게 할 수 없었다. 아폴론은 다시 그 꽃잎 위에 '아아αα'라는 글자를 새겨 넣었다. 이것은 그리스어로 '슬프다 슬프다'라는 의미이며, 지금도 꽃잎에 남아있다. 이 꽃은 히아킨토스히아신스라 하며, 해마다 봄이면 히아킨토스의 슬픈 이야기를 전해주고 있다.

이 이야기는 이렇게도 전해진다. 서풍의 신 제피로스도 히아킨토스를 사랑하고 있었지만, 히아킨토스는 오로지 아폴론만을 사랑했다. 아폴론에게 사랑하는 소년을 뺏긴 제피로스는 심하게 질투했다. 그래서 아폴론과 히아킨토스가 원반던지기를 하며 놀고 있을 때, 원반이 히아킨토스의 이마를 맞추도록 바람을 불게 한 것이 제피로스였다고 한다.

그러나 히아킨토스가 이마에 피를 흘리며 죽어가는 모습을 본 제피로스는 자신의 행동을 몹시 후회했지만, 한 순간의 분노가 가져온 자신의 행동은 어떻게 해서도 되돌릴 수 없었다.

히아신스는 '추억'을 상징하는 꽃이다. 이것은 꽃잎에 새긴 '아아αα'의 발음과 그리스어로 '영원'을 의미하는 말의 발음이 비슷하기 때문이다. 그 때문에 옛날 묘비에는 히아신스 꽃을 많이 조각했다고 한다.

오늘날 히아신스라 불리는 꽃은 튤립과 함께 16세기 중반에 유럽에 소개된 꽃이기 때문에, 그리스 신화시대에 히아신스라 불리던 꽃은 오늘날 히아신스는 아니다. 다만 붓꽃이나 비연초 혹은 팬지가 아닐까 하고 추측하고 있다.

◀ **히아신스** hyacinth
- 학명 : *Hyacinthus orientalis*
- 원산지 : 발칸반도, 터키
- 꽃말 : 추억, 유희, 겸손한 사랑, 나는 슬프다

● 〈히아킨토스의 죽음〉
조반니 바티스타 티에폴로

11

그리스신화 속 꽃 스토리텔링

해바라기
아폴론을 사랑한 님프

태양신 아폴론의 사랑을 거절한 아가씨도 많았지만, 혼자서 아폴론을 애타게 사랑한 아가씨도 많았다. 이들 아가씨 중에는 너무나 슬퍼한 나머지, 꽃으로 모습이 변한 아가씨도 있다. 그것은 아폴론이 변덕스럽고 불성실했기 때문이며, 이 이야기는 그런 이야기 가운데 하나이다.

물의 님프 클리티에는 아폴론을 사랑했다. 그러나 그것은 그녀만의 짝사랑이었다. 클리티에는 이룰 수 없는 사랑을 슬퍼하며, 흐트러진 긴 머리카락을 어깨 위에 늘어뜨리고 온종일 찬 땅 위에 주저앉아 울기만 했다. 식사도 하지 않고 물조차 마시지 않았으며, 그저 자신이 흘리는 눈물과 찬 이슬만 먹고 지냈다. 사랑하는 아폴론이 태양마차를 몰고 동쪽하늘에서 떠올라오기를 기다렸다가, 하늘 길을 달리는 그의 모습을 보는 것만이 그녀의 유일한 일과였다. 다른 일은 모두 제쳐두고, 아폴론의 모습만 따라가며 지켜보았다.

그러는 사이에 그녀의 다리는 땅에 뿌리를 내려 움직이지 않게 되었고,

PART 01 _올림포스 신들의 이야기 **43**

얼굴은 해바라기 꽃으로 변해버렸다. 지금도 해바라기는 동쪽에서 서쪽으로 움직이면서, 태양을 바라보고 있다. 이처럼 클리티에는 꽃이 된 후에도 여전히 아폴론만 바라보고 있다.

해바라기는 16세기 말경에 유럽에 도입된 식물이기 때문에, 그리스 신화에는 등장할 수가 없다. 원래 이것은 금잔화로 변신한 이야기였지만, 어느 사이에 해바라기의 전설로 변한 것으로 여겨진다.

◀ **해바라기** sunflower
- 학명 : *Helianthus annuus*
- 원산지 : 중앙아메리카
- 꽃말 : 숭배, 기다림, 당신을 바라보고 있어요

● 〈해바라기로 변신하는 클리티에〉
샤를 드 라 포스

12

박하
페르세포네의 질투

저승의 왕 하데스는 지하세계의 일이 너무 바빠서, 어지간해서는 지상에 모습을 나타내지 않았다. 오래간만에 지상에 모습을 나타낸 하데스가, 세상의 어떤 꽃보다도 매력적이고 아름다운 아가씨를 보았다. 이따금 그곳을 지나다녔지만, 이렇게 아름다운 아가씨는 처음 본 것이다. 그녀는 님프 멘테였다. 하데스는 그녀의 아름다움에 홀려서 무의식중에 그녀를 껴안고 말았다.

그때 갑자기 그의 아내 페르세포네가 나타났다. 그 모습을 본 페르세포네는 질투심에 불타서 멘테를 발로 걸어 차버렸다. 그래도 화가 풀리지 않았던지, 그녀는 몇 번이나 멘테를 밟아버렸다. 그 순간 멘테는 향기가 좋은 풀로 모습을 바꾸어, 박하가 되었다. 이로 인해 박하는 밟으면 밟을수록 더 진한 향기를 뿜어낸다고 한다.

멘테 Menthe

민트(mint)는 멘타(mentha) 종에 속하는 식물을 일컫는 말이다. 어원은 그리스어 민테인데, 하데스의 사랑을 받다가 허브로 변한 님프 멘테에서 유래된 것이다.

● 〈하데스와 님프들〉
존 윌리엄 워터하우스

◀ 박하 mint
• 학명 : *Mentha piperascens*
• 원산지 : 아시아 동부로 추정
• 꽃말 : 미덕, 순진한 마음

그리스신화 속 꽃 스토리텔링

수선화
하데스의 음모

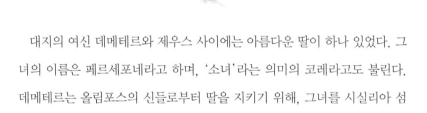

    대지의 여신 데메테르와 제우스 사이에는 아름다운 딸이 하나 있었다. 그녀의 이름은 페르세포네라고 하며, '소녀'라는 의미의 코레라고도 불린다. 데메테르는 올림포스의 신들로부터 딸을 지키기 위해, 그녀를 시실리아 섬의 님프들에게 맡겨 두었다.

    지하세계의 왕 하데스가, 이 아름다운 아가씨를 보고 자신의 아내로 삼으려고 계획을 세웠다. 먼저 그녀를 납치해서 지하세계로 데려간 후에, 데메테르의 허락을 받으려 한 것이다.

    햇살이 따뜻한 어느 날, 페르세포네가 초원에서 님프들과 꽃을 따며 놀고 있었다. 그녀가 눈앞에 피어있는 아름다운 수선화를 따려고 손을 내미는 순간, 갑자기 큰 굉음이 들리면서 땅이 갈라졌다. 그리고 그 속에서 암청색의 마차를 탄 하데스가 나타나더니, 겁에 질린 페르세포네를 지하세계로 데리고 가버렸다. 사실 하데스는 페르세포네가 어릴 적에 제우스에게,

"페르세포네를 아내로 맞이하고 싶다."

라고 말한 적이 있었다. 제우스는 이에 대해, 페르세포네에게 물어본다는 것을 깜박 잊고 있었다. 하지만 그때까지 하데스가 페르세포네를 사랑하고 있다는 것을 알고, 수선화를 피워서 그녀가 있는 곳을 알려준 것이다.

나르키소스라고 불리는 수선화는 지하세계의 신 하데스에게 소중한 꽃이다. 수선화는 지상세계와 지하세계를 연결하는 스틱스 강가에 자라며, 금지의 땅을 표시하는 터부의 꽃이기 때문이다. 또 수선화는 치명적인 아름다움 뿐 아니라, 거부하기엔 너무 매력적인 향기를 지닌 꽃이기도 하다.

◀ **수선화** narcissus
- **학명** : *Narcissus tazetta*
- **원산지** : 지중해 연안
- **꽃말** : 자기 사랑, 자존심

● 〈페르세포네의 납치〉
니콜라 미냐르

제비꽃
어처구니 없는 여신

제비꽃의 꽃색이 파란색인 데는 다음과 같은 이유가 있다. 미의 여신 아프로디테가 아들 에로스에게 물었다.

"너는 나와 여기 있는 아가씨들 중에 누가 더 아름답다고 생각하니?"

무슨 일이든 반항적이고 장난기가 넘치는 에로스는, 어머니 아프로디테의 성질을 너무나도 잘 알고 있었지만,

"물론 이 아가씨들이 더 아름답습니다."

라고 장난기 섞인 투로 말했다. 예상한대로 아프로디테는 불같이 화를 냈다. 그런 말을 듣고 가만히 있을 리가 없었다. 여신은 막무가내로 화를 내며, 아가씨들을 때리기 시작했다. 무슨 일이 있었는지, 그리고 자신들이 왜 맞아야 하는지를 알지 못하는 아가씨들은 너무나 두려워서 파랗게 질려버렸다. 그리고 그 모습도 점점 작아지더니, 마침내 제비꽃으로 변했다. 이 일로 인해, 제비꽃은 파란색의 작은 꽃이 되었다.

이는 너무나 어처구니없는 일로, 신이라는 존재를 도저히 이해할 수 없게 만든다.

제비꽃을 그리스에서는 이온이라고 부르며, 로마로 건너오면서 비온으로 변했다. 그리고 훗날 영국과 프랑스로 넘어가면서 바이올렛이 되었다.

토막상식

● **올림포스의 12신**

- • 제우스   신들의 왕이자 올림포스 산의 지배자. 하늘과 천둥, 정의의 신
- • 헤라   들과 하늘의 여왕. 여성과 결혼, 양육의 여신
- • 포세이돈   바다의 지배자. 말을 창조한 바다와 지진의 신
- • 헤스티아   불과 화로의 여신
- • 데메테르   풍요와 농업, 자연, 계절의 여신
- • 아프로디테   사랑과 아름다움, 욕망, 다산의 여신
- • 아폴론   태양의 신. 광명과 의술, 음악, 시, 예언, 궁술, 진리의 신
- • 아레스   전쟁과 격분, 증오, 유혈의 신
- • 아르테미스   사냥과 처녀, 달의 여신
- • 아테나   지혜와 기술, 전략의 여신
- • 헤파이스토스   신들의 대장장이. 불과 대장간의 신
- • 헤르메스   신들의 사자. 상업과 체육, 도둑, 목동, 나그네의 신

◀ **제비꽃** violet
- • **학명** : *Viola sororia*
- • **원산지** : 북아메리카
- • **꽃말** : 겸양, 성실, 순애

제비꽃
아폴론의 구애

필리시아에 이아라는 아름다운 처녀가 있었다. 태양신 아폴론이 그녀를 보고 반해서, 구애를 했지만 그녀는 받아들이지 않았다. 그녀에게는 이미 양치기 약혼자가 있었기 때문이었다. 이 일로 인해 화가 난 아폴론은, 이아를 제비꽃으로 변하게 하였다. 애처로운 제비꽃은 이아의 모습을 나타낸 것이라고 한다.

이 이야기는 이렇게 전해지기도 한다. 이아가 아폴론의 구애를 거절한 것은, 상대가 신이기 때문이었다. 인간이 신의 사랑을 거부하는 것은 신에게 수치심을 주는 것이므로, 신은 반드시 인간에게 복수할 것이라는 것을 이아는 알고 있었다. 약혼자의 사랑과 신의 분노 사이에서 고민하던 이아는 정조의 여신 아르테미스에게,

"나의 몸을 지켜주세요. 그리고 나를 인간 이외의 다른 모습으로 바꿔주세요."

라고 기도했다. 아르테미스가 이 기도를 받아들여, 그녀를 제비꽃으로 바꿔주었다.

제비꽃
제우스의 연인 이오의 꽃

그리스 신화의 최고신이자 신들의 신, 제우스는 못 말리는 바람둥이였다. 그리고 그의 아내 헤라는 질투심이 많았기 때문에, 제우스가 몰래 사귀는 애인들을 집요하게 괴롭히곤 했다.

이오는 강의 신 이나코스의 딸로, 아르고스에 있는 헤라를 모시는 신전의 여사제였다. 제우스는 이오를 보는 순간, 아름다움에 매료되어 어떻게 해서든지 그녀를 차지해야겠다고 마음먹었다. 이오는 두려움에 떨며 도망치려고 했지만, 상대가 제우스였기 때문에 그럴 수도 없었다.

제우스는 언제나 그랬던 것처럼 한 무리의 검은 구름을 불러 이오를 감싸서, 자신이 바라는 바를 이루었다. 그때 지상세계를 내려다보던 헤라가, 한 곳에만 검은 구름이 덮여 있는 것을 보고 이상하다는 생각이 들었다. 마침 올림포스에는 남편 제우스의 모습이 보이지 않아서, 헤라는 또 남편이 바람을 피우고 있다는 것을 알아차렸다. 그래서 얼른 지상에 내려와, 바람을 불어서 검은 구름을 걷어버렸다. 제우스는 갑자기 나타난 아내의 모습에 놀랐지만, 구름이 걷히기 바로 직전에 이오를 암소로 변신시켰다. 그리고는 횡

설수설 변명을 늘어놓았다.

"여보 어때요. 이 암소 정말 아름답지 않아요? 너무 아름다워서 저절로 탄성이 나오네요."

그러나 헤라는 제우스보다 한수 위였다. 헤라는 암소를 한껏 추켜세우면서, 이 아름다운 암소를 자신에게 선물로 달라고 간청했다. 제우스가 암소를 못 준다고 하면 헤라가 의심할 것이 분명하므로, 마지못해 넘겨주었다.

헤라는 남편이 자신을 속이고 몰래 얻은 애인을, 그냥 둘 리가 없었다. 바로 복수에 들어갔다. 우선 코카서스에 있는 올리브나무에 암소를 묶어두고, 밤낮으로 자지 않는 백 개의 눈을 가진 괴물 아르고스로 하여금 지키도록 하였다. 이를 본 제우스는 이오를 불쌍하게 여겨, 신들의 전령인 헤르메스를 그녀가 있는 곳으로 보내, 이오를 구출해오라고 지시했다. 헤르메스는 아르고스에게 다가가서, 갈대 피리를 불기 시작했다. 아르고스가 아름다운 선율에 넋을 잃고 잠들어버린 사이에, 재빨리 칼을 뽑아 괴물의 머리를 잘라버렸다. 이렇게 해서 이오는 구출되었다. 이때 헤라는 아르고스의 목에 붙어있던 백 개의 눈을 뽑아, 공작의 깃털에 박았다. 그래서 지금도 공작의 꽁지깃에는 많은 눈이 박혀있다고 한다.

이렇게 되자, 헤라의 복수심은 더욱 불타올랐다. 이번에는 이오에게 쇠파리 한 마리를 보냈다. 쇠파리는 이오를 가는 곳마다 따라다니며, 괴롭혔다. 한번은 이오가 바다를 헤엄쳐 도망쳤는데, 그때부터 이 바다를 이오의 이름을 따서 이오니아Ionia 해라고 불렀다고 한다. 또 유럽에서 아시아를 방황하면서, 보스포루스Bosporus 해협을 건너다녔다고 한다. 보스포루스라는 지명은 '소가 지나간 물길'이라는 뜻으로, 이 역시 이오의 이름에서 유래된 것이다.

마침내 이집트의 네일로스나일 강기슭에 다다른 이오는, 제우스에게 자신을 고통으로부터 구해달라고 간청했다. 제우스는 헤라에게 앞으로 이오와의 관계를 끊겠다고 약속하여, 간신히 헤라의 용서를 얻어 낼 수 있었다. 그래서 이오는 원래의 인간의 모습으로 돌아갈 수 있었으며, 이후 이집트의 여왕이 되어 많은 이집트의 영웅을 낳았다.

제우스는 자신의 연인을 암소로 변신시켰을 때, 풀을 뜯어먹는 그녀를 불쌍하다고 생각했다. 그래서 그녀를 닮은 아름다운 꽃을 피워서, 그녀가 그 꽃을 뜯어먹게 하였다. 이 꽃이 바로 제비꽃이다. 그리스어로 제비꽃을 뜻하는 이온ion은 '이오Io의 꽃'이라는 뜻이다. 이런 연유로 인해, 서양에서는 지금도 제비꽃을 '이오의 꽃'이라 부르기도 한다.

● 〈이오와 제우스를 발견한 헤라〉
피터르 라스트먼

디기탈리스

헤라의 주사위

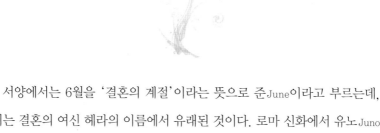

서양에서는 6월을 '결혼의 계절'이라는 뜻으로 준June이라고 부르는데, 이는 결혼의 여신 헤라의 이름에서 유래된 것이다. 로마 신화에서 유노Juno 는 유피테르제우스의 아내이며, 그리스 신화의 헤라에 해당한다. 이 여신은 신성한 결혼과 가정을 수호하는 중요한 역할을 담당하였다. 이 이야기는 그 녀의 불성실함으로 인해 탄생한 꽃에 관한 것이다.

제우스는 올림포스 신전에 머물면서, 인간들이 신에게 바치는 제물을 일 일이 조사하였다. 그러나 그의 아내 헤라는 그 곁에 있지 않고, 다른 곳에 가서 주사위 놀이에 열중하였다. 인간들이 바치는 제물은 등한시하고 주사 위 놀음에 빠져 있는 헤라에게, 제우스는 여러 번 충고했다.

"우리가 인간들이 정성껏 바치는 제물을 소홀히 한다면, 인간들이 우리를 어떻게 생각하겠소?"

그러나 헤라는 향로에서 나는 연기 냄새가 싫어서, 이런저런 핑계로 대며 여전히 주사위를 가지고 놀며 시간을 보냈다. 그러던 어느 날, 헤라가 던진

주사위가 튕겨서 지상에 떨어지고 말았다. 당황한 헤라는 제우스에게,

"내 주사위가 굴러서 지상에 떨어지고 말았어요. 제발 가져다주세요."

라고 간절히 부탁했다. 제우스는 바쁘다는 핑계로 조금 있다가 주워주겠다고 말했다. 하지만 틈만 나면 주사위를 가지고 노는 헤라를 못마땅하게 여긴 제우스는, 주사위를 가져다주고 싶지 않아 차일피일 미루고 있었다. 이를 알아차린 헤라는 다른 신에게 주사위를 주워 오라고 명령했다. 헤라가 이렇게 나올 것이라는 것을 미리 예측한 제우스는, 다른 신이 주사위를 가지러 지상으로 내려가기 전에 주사위를 꽃으로 만들어 버렸다. 이 꽃이 '불성실'이라는 꽃말을 가진 디기탈리스이다.

◀ **디기탈리스** digitalis
- **학명** : *Digitalis purpurea*
- **원산지** : 헝가리, 루마니아, 발칸 반도
- **꽃말** : 불성실, 화려

갈대

임금님 귀는 당나귀 귀

무모하게도 목양신 판이, 음악의 신 아폴론과 음악 실력을 한번 겨뤄보겠다고 마음을 먹었다. 아폴론도 그의 도전을 받아들였다. 판은 자기가 가장 자신 있다고 여기는 피리를 불었고, 아폴론은 수금을 연주했다. 판의 충실한 신자였던 미다스는 판의 연주를 듣고, 그의 승리를 자신하고 있었다. 그러나 심판관인 산의 신 트몰로스가 아폴론의 승리를 선언하자, 미다스는 크게 불만스러워하며 불평을 늘어놓았다. 이것을 보고 아폴론은,

"이 남자에게 더 이상 인간의 귀를 가지게 할 필요가 없다."

라고 말했다. 그리고 미다스의 귀를 길게 늘이고, 귀 안팎에 털이 나게 하였으며, 귀밑도 실룩실룩 움직이게 만들었다. 그것은 마치 당나귀의 귀와 같았다.

미다스는 자신의 귀가 당나귀 귀가 된 것을 부끄럽게 여겨, 머리에 두건을 푹 눌러써서 사람들 눈에 보이지 않게 했다. 하지만 머리를 깎을 때는 두건을 벗지 않을 수가 없었다. 그래서,

"내 귀를 봤다는 것을 누구에게라도 말해서는 안된다. 만약 말한다면, 너
는 살아남지 못할 것이다."

라고 이발사에게 확실하게 입막음을 했다. 말하지 말라고 하면 더 말하고
싶어지는 것이 인간의 본성일까? 이발사는 이 비밀을 말하고 싶어 견딜 수
가 없었다. 그래서 초원으로 나가 땅에 구멍을 파고, 그 속에 대고 왕의 비
밀을 속삭이고는 다시 구멍을 막아버렸다. 그 후 얼마 안가서 초원에서 갈
대가 나오기 시작하더니,

"임금님 귀는 당나귀 귀, 임금님 귀는 당나귀 귀"

라며, 미다스 왕의 비밀을 속삭이기 시작했다. 그래서 드디어 온 나라에
왕의 비밀이 알려지게 되었다. 왕은 누가 비밀을 발설했는지 알아보라고 했
지만 끝내 알아내지 못했다.

그리고 오늘날까지도 바람이 불면 갈대는 이렇게 속삭인다.

"임금님 귀는 당나귀 귀, 임금님 귀는 당나귀 귀"

◀ **갈대** reed
• 학명 : *Phragmites*
• 원산지 : 전세계
• 꽃말 : 믿음, 지혜, 신의

● 〈미다스의 심판〉
프란체스코 프리마티치오

19

그리스신화 속 꽃 스토리텔링

장미
에로스가 엎지른 신의 술

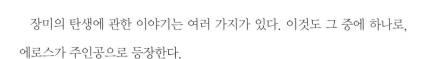

장미의 탄생에 관한 이야기는 여러 가지가 있다. 이것도 그 중에 하나로, 에로스가 주인공으로 등장한다.

어느 날, 에로스는 올림포스 산정에서 개최되는 회의에 가기 위해 급하게 서두르고 있었다. 타고난 천성이 허둥대는 에로스는, 발밑을 잘 보지 않고 달려가다가 무언가에 채었다. 그 바람에 손에 가지고 있던 신의 술 넥타르를 엎지르고 말았다. 그때 땅에 엎지른 신의 술이 장미가 되었다고 한다.

아름다운 장미에는 가시가 있다. 장미에 가시가 생기게 된 이유 역시 아프로디테와 에로스 모자와 관련이 있다.

사랑의 신 에로스는 장미꽃을 보자 사랑스럽고 아름다워서 키스하려고 얼굴을 살짝 갖다 대었다. 그런데 꽃 속에 있던 벌이 날아와 에로스의 입술을 톡 쏘고 말았다.

아들이 벌에 쏘였다는 소식을 들은 아프로디테는 크게 화를 냈다. 그리고 벌을 많이 잡아오게 하여 에로스의 활시위에 죽 늘어세워 묶어 놓았지만,

그것으로도 아프로디테의 노여움은 줄어들지 않았다. 그래서 벌의 침을 뽑아 나무줄기에 붙였는데, 그것이 장미가시가 되었다고 한다.

장미에 가시가 있음에도 불구하고, 에로스는 가시에 찔리는 아픔을 마다치 않고 여전히 장미꽃을 사랑했다고 한다.

■ 에로스 Eros
에로틱(erotic)이란 말은 성애나 호색적인 것을 표현하는 말로, 사랑의 신 에로스에서 유래된 것이다.

◀ 장미 rose
• 학명 : *Rosa hybrida*
• 원산지 : 서아시아
• 꽃말 : 애정, 행복한 사랑, 열정, 기쁨 등

● 〈아프로디테와 에로스〉
프랑수아 부셰

그리스신화 속 꽃 스토리텔링

장미
아프로디테의 탄생

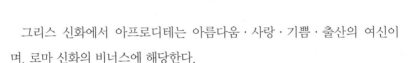

그리스 신화에서 아프로디테는 아름다움 · 사랑 · 기쁨 · 출산의 여신이며, 로마 신화의 비너스에 해당한다.

대부분의 신들이 제우스와 어떻게든 혈연관계가 있는 것과는 달리, 아프로디테의 탄생은 조금 특이하다. 아프로디테의 탄생에 대해서는 여러 가지설이 있다. 헤시오도스는 크로노스가 잘라낸 우라노스의 생식기혹은 정액가 바다에 떨어져 생긴 거품에서 태어난 것이 아프로디테라고 하였다.

아프로디테가 태어나자, 그녀의 아름다움에 반한 서풍의 신 제피로스는 그녀를 키프로스로 데리고 갔다. 거기에서 계절의 여신 호라이들이 아프로디테를 화려하게 꾸며서, 다시 올림포스의 신들에게 데리고 갔다. 이때 신들은 이 세상에서 가장 아름다운 장미꽃을 창조하여, 그녀의 탄생을 축하해 주었다고 한다. 일설에 의하면, 아프로디테가 거품에서 태어날 때 장미도함께 나왔다고 한다.

■ **아프로디테** Aphrodite
아프로스(aphros)는 그리스어로 거품을 뜻하며, 아프로디테라는 이름은 '거품에서 태어난 여신'이라는 뜻이다.

● 〈아프로디테의 탄생〉
산드로 보티첼리

장미
아프로디테의 바람기

장미와 아프로디테에 관해서는 여러 가지 이야기가 전해지는데, 아름다움과 비밀의 상징인 장미는 아프로디테의 것이기 때문이다.

제우스의 아내 헤라는 기가 강하고 승부욕이 대단한 여신이었다. 제우스가 머리로 다 자란 아테나를 낳는 것을 본 헤라는, 제우스가 자신의 능력을 업신여긴다고 생각하여 혼자서 헤파이스토스를 낳았다. 하지만 그가 너무 못생겼기 때문에, 헤라는 그를 멀리 가져다 버렸다. 그러나 대장장이의 기술을 배운 헤파이스토스는 대장장이의 신이 되었으며, 제우스의 명령에 따라 아프로디테와 결혼하였다.

못생긴 남편이 싫어서인지, 언제부턴가 아프로디테는 씩씩하고 잘생긴 군신 아레스에 끌리게 되었다. 남편이 일하려 나가면, 둘이서 몰래 만나 즐거운 시간을 보내곤 했다. 그러던 어느 날, 불륜의 현장을 아들 에로스에게 들키고 말았다. 아프로디테는 이 사실이 소문날까 두려워서, 침묵의 신 하르포크라테스에게 부탁해서 아들의 입을 봉해버렸다. 그 때문에 이들의 불륜은 소문나지 않았으며, 아프로디테는 답례로 침묵의 신에게 붉은색 장미꽃을 선물했다. 로마에서는 비밀스러운 대화는 '장미의 방'에서 한다고 하는데, 이것은 이 이야기에서 비롯된 것이다.

● 〈신들에게 들킨 아레스와 아프로디테〉
요아킴 브테비엘

장미

아프로디테가 흘린 피

장미꽃은 원래 흰색이었으나, 나중에 붉은색으로 변했다고 한다.

아도니스가 멧돼지에 물려 지르는 비명소리를 듣고, 이륜마차를 타고 키프로스 섬으로 가던 아프로디테는 급히 지상으로 돌아왔다. 그리고 가시덤불도 개의치 않고 그가 죽은 곳으로 달려갔다. 그러는 사이에 가시에 찔린 그의 발에서 흘린 피가 흰 장미꽃에 묻었는데, 이때 흰 장미꽃이 붉은색으로 물들었다고 한다. 그 후로 장미는 붉은색 꽃을 피우기 시작했다. 또 아프로디테가 아도니스의 죽음을 슬퍼하여 흘린 붉은 눈물이, 흰 장미꽃을 붉게 물들였다는 이야기도 있다.

붉은 장미의 꽃말은 '열정'이다.

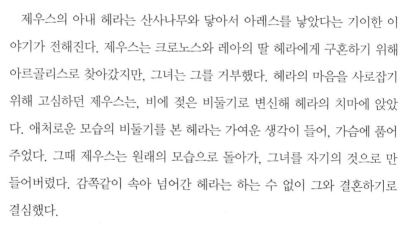

산사나무

제우스와 헤라의 결혼

    제우스의 아내 헤라는 산사나무와 닿아서 아레스를 낳았다는 기이한 이야기가 전해진다. 제우스는 크로노스와 레아의 딸 헤라에게 구혼하기 위해 아르골리스로 찾아갔지만, 그녀는 그를 거부했다. 헤라의 마음을 사로잡기 위해 고심하던 제우스는, 비에 젖은 비둘기로 변신해 헤라의 치마에 앉았다. 애처로운 모습의 비둘기를 본 헤라는 가여운 생각이 들어, 가슴에 품어 주었다. 그때 제우스는 원래의 모습으로 돌아가, 그녀를 자기의 것으로 만들어버렸다. 감쪽같이 속아 넘어간 헤라는 하는 수 없이 그와 결혼하기로 결심했다.

    이들의 결혼은 이다 산정에서 이루어졌으며, 첫날밤은 사모스 섬에서 보냈는데 하룻밤이 삼백 년이나 지속되었다. 그리고 헤라는 카나스토라는 샘에서 목욕을 하면, 처녀성과 젊음을 회복했다고 한다. 제우스와 헤라 사이에서 군신 아레스, 젊음의 여신 헤베, 분만의 여신 에일레이티아 같은 자식들이 태어났다.

    그러나 이와는 다른 이야기가 전해진다. 헤라는 기가 세고 지지 않으려는 승부욕이 대단했으며, 질투심이 강한 여신이었다. 제우스가 다 자란 아테나를 머리로 낳는 것을 본 헤라는, 그가 자신의 능력을 업신여긴다고 생각했다. 그리고,

"나도 남편의 도움 없이 아이를 낳을 수 있다."

라고 말하며, 아레스와 헤파이스토스를 제우스의 도움 없이 혼자서 낳았다. 아레스는 산사나무와 닿아서, 헤파이스토스는 양상추와 닿아서 임신했다고 한다.

◀ **산사나무** hawthorn
• **학명** : *Crataegus laevigata*
• **원산지** : 서부 및 중부 유럽
• **꽃말** : 유일한 사랑, 관용, 희망

● 〈이다 산 위의 제우스와 헤라〉
제임스 베리

석류나무
지하세계로 납치된 페르세포네

　페르세포네는 곡물을 담당하는 풍요의 여신 데메테르와 신들의 신 제우스의 딸이다. 제우스는 페르세포네를, 자신의 동생인 하데스의 왕비로 염두에 두고 있었다. 그러나 데메테르는 페르세포네를 무척 사랑했기 때문에, 딸이 저승세계의 왕에게 시집가서 음울한 지하세계에서 사는 것은 절대 받아들일 수 없다며 거절했다. 그래서 딸의 장래를 걱정하던 데메테르는, 올림포스에 있는 바람둥이 신들의 눈에 띄지 않게, 시실리아 섬의 님프에게 딸을 맡기고 거기서 키우게 하였다. 이렇게 되자, 제우스는 우선 페르세포네를 유괴한 후에 데메테르를 설득해보려고 음모를 꾸몄다.

　시실리아 섬의 엔나 계곡에는 큰 숲이 있는데, 이곳은 사시사철 아름다운 꽃이 만발하는 곳이다. 페르세포네는 이곳에서 장미 · 사프란 · 제비꽃 · 붓꽃 · 히아신스 · 수선화와 같은 아름다운 꽃을 따면서 오케아노스의 딸들과 놀고 있었다. 그때 갑자기 땅이 갈라지더니, 하데스가 나타나서 겁에 질린 페르세포네를 황금마차에 태우고 사라져버렸다. 놀란 페르세포네가 비명을 지르며 도움을 요청했다. 그 소리에 맞춰 산도 바다도 큰 소리를 내었기 때문에, 어머니 데메테르의 귀에도 비명소리가 들렸다. 딸이 납치되었다는 것을 안 데메테르는, 그때부터 아흐레 동안 딸을 찾아 지상의 구석구석을 돌아다녔다. 모든 신과 인간들에게 딸의 소식을 물어보았지만, 아는 자가 없었다. 열흘째 되는 날, 하늘을 가로지르며 모든 것을 살피는 태양신 헬리오스에게 딸의 행방에 대해 묻자, 이렇게 말했다.

"당신이 그토록 애타게 찾고 있다고 하니, 딸이 있는 곳을 알려주지요. 페르세포네는 하데스가 지하세계로 데리고 갔습니다. 제우스는 오래 전부터 페르세포네를 하데스의 왕비로 생각하고 있었습니다. 그래서 하데스는 제우스의 허락을 받고 페르세포네를 지하세계로 데리고 갔습니다.
그러나 하데스는 당신과 부모가 같은 신이고, 이 세상의 3분의 1을 지배하고 있습니다. 그래서 나는 그가 당신의 사위로 자격이 충분하다고 생각합니다."

헬리오스의 말을 들은 데메테르는, 딸에 대해 불길한 생각이 들기 시작했다. 그리고 무엇보다도 제우스와 하데스가 한 짓이 화가 나서, 절대 올림포스로 돌아가지 않겠다고 다짐했다. 그녀는 딸을 그리워한 나머지 몸이 점점 야위어갔다. 그 모습은 누구도 그녀가 풍요의 여신이라는 것을 알아 볼 수 없을 정도였다. 또 풍요의 여신이 업무를 그만두고 모습을 감추었기 때문에, 지상의 모든 농작물은 싹을 틔우지 않아서 무엇 하나 열매를 맺지 못했다.

이로 인해 인간이 극심한 굶주림으로 고통을 받게 되었을 때, 제우스는 가까스로 사태의 심각성을 깨닫게 되었다. 그래서 무지개의 여신 이리스를 데메테르가 있는 곳에 보내어, 그녀가 다시 올림포스로 돌아오도록 설득했다. 그러나 데메테르는 제우스의 부름을 완강히 거부했다.

"딸을 보여줄 때까지, 결코 올림포스로 돌아갈 생각이 없다. 농작물이 결실을 맺지 못하는 것은 내 탓이 아니다."

라고 딱 잘라 거절했다. 다른 신들도 여러 가지 선물을 가지고 가서 그녀를 설득해보았지만, 그녀를 올림포스로 돌아오게 하지는 못했다.

제우스는 하는 수 없이, 전령의 신 헤르메스를 지하세계로 보내어, 모녀를 만나게 해주라고 하데스를 설득했다. 하데스는 결국 이를 받아들여, 페르세포네를 지상으로 내보내는 것을 허락했다. 하지만 그는 몰래 음모를 꾸몄다.

> "당신은 이제 어머니 데메테르에게 돌아가도 됩니다. 어서 돌아갈 준비를 하세요. 그런데 당신을 생각해서 석류를 가지고 왔는데, 목이 마르면 이 맛있는 석류를 먹어보세요."

라고 말했다. 페르세포네는 목이 마르기도 하고, 석류가 정말 맛있어 보여서 기쁘게 그것을 받아먹었다.

드디어 지상으로 돌아온 딸을 본 데메테르는 그녀가 무사히 돌아온 것을 기뻐하였지만, 무언가 불안한 생각이 들어서 그녀에게 물어 보았다.

> "네가 지하세계에 있는 동안, 아무 것도 먹지 않았겠지? 먹지 않았다면 지금부터 지상으로 나와서 나와 함께 살아갈 수 있지만, 만약 무엇이라도 먹었다면 다시 지하세계로 돌아가야 한다. 사실대로 말해다오."

그때서야 하데스의 음모를 알게 된 엄마와 딸은 서로 끌어안고, 다시 헤어지지 않으면 안되는 자신들의 운명을 슬퍼하며 울었다. 이때, 제우스의 엄마인 레아가 모녀를 찾아와서,

> "데메테르가 바라는 모든 영예를 주도록 하겠다. 그리고 딸은 1년의 3분의 1은 지하세계에서 하데스와 보내야하지만, 남은 시간은 지상세계에서 엄마와 함께 살아도 좋다."

라는 제우스의 말을 전해주었다. 모녀는 더 이상의 해결책을 생각해낼 수가 없었으므로, 그 결정에 받아들이기로 했다. 그리고 데메테르가 올림포스로 돌아가자, 그때까지 싹을 틔우지 않고 있던 초목이 생기를 되찾았다.

또, 불모지이던 대지는 비옥한 땅으로 변하여 아름다운 꽃으로 가득 차게 되었다. 이때부터 사람들은, 페르세포네가 지하세계에서 지상세계의 엄마 곁으로 돌아오면 대지의 모든 만물이 소생하는 봄이 온다고 믿었다.

석류꽃의 꽃말 '바보스러움'은 페르세포네의 멍청한 행동에서 유래된 것이며, '야심'이라는 꽃말은 하데스의 책략에서 유래된 것이다.

■ 이리스 Iris
그리스 신화에서는 천계와 지상을 연결하는 무지개를 신격화하고, 그 여신을 이리스(영어로 읽으면 아이리스)라 하였다. 꽃이름 아이리스(iris)는 무지개의 여신 이리스에서 유래된 것이다.

◀ 석류나무 pomegranate
• 학명 : *Punica granatum*
• 원산지 : 이란, 아프가니스탄
• 꽃말 : 바보스러움, 야심, 자손번영, 원숙미

● 〈페르세포네의 귀환〉
프레드릭 레이튼

25

월계수
월계수가 된 다프네

아폴론은 티탄 족의 여신 레토와 제우스 사이에 태어났으며, 활·음악·의술의 신으로 이상적인 모습을 갖춘 청년이었다. 어느 날, 아폴론은 에로스가 활을 가지고 놀고 있는 것을 보았다. 그때는 마침 아폴론이 괴물 뱀 피톤을 퇴치하고, 의기양양해 하고 있을 때였다. 이것을 본 아폴론은,

"이 장난꾸러기야. 전쟁 때나 쓰는 무기를 가지고 놀면 안되지. 나는 이 활과 화살로 독을 품은 몸뚱아리를 가지고 사람들을 해치는 괴물 뱀을 퇴치했단다.
만약 네가 놀고 싶다면, 그런 무서운 무기 대신에 햇불이나 들고 사랑의 길을 비추는 것으로 만족해라. 그러니 내 무기에는 절대로 손대지 말거라."

라고 말했다. 그러자 에로스는

"당신은 활의 명수이기 때문에 무엇이라도 맞출 수가 있지만, 당신 자신을 쏘아 맞힐 수는 없어요. 하지만 나는 당신을 정확하게 맞출 수가 있어요."

라고 말했다. 그리고 파르나소스 산의 바위 위에 서서 다른 장인이 만든 두 개의 화살을 꺼냈다. 하나는 사랑을 일으키는 금으로 된 끝이 뾰족한 화

살이고, 다른 하나는 그것을 거부하는 납으로 된 끝이 무딘 화살이었다.

그리고 금 화살은 아폴론의 가슴을 향해 쏘고, 이어서 납 화살은 강의 신 페네이오스의 딸 다프네라는 님프를 향해 쏘았다. 그러자 곧 아폴론은 다프네를 사랑하게 되었지만, 다프네는 사랑은 물론이고 연애조차 생각하기 싫어하게 되었다.

그전까지 다프네는 숲 속의 고요함을 사랑하고, 야산에서 동물들과 산책을 하는 것을 좋아하는 아름다운 아가씨였다. 그리고 그녀에게 구혼하는 청년도 많았다. 그러나 에로스의 납 화살을 맞고 난 이후로는 이런 모든 것을 거절하고, 아버지 신에게,

"아버지 저를 제발 아르테미스처럼 결혼하지 않고, 언제까지나 처녀로 있게 허락해주세요."

라고 말했다.

금 화살을 맞은 아폴론은 다프네가 죽도록 좋아져서, 어떻게 해서라도 그녀를 손에 넣어야겠다고 생각했다. 그리고 계속해서 그녀의 뒤를 쫓아다녔다. 아폴론이 아무리 간청해도 다프네는 멈추지 않고, 바람보다 빨리 달아났다.

"나는 결코 당신을 헤치려는 것이 아니오. 내가 당신을 따라가는 것은 오직 당신을 사랑하기 때문이오. 그리고 나는 델포이와 테네도스의 군주요. 신들의 신인 제우스가 나의 아버지오."

라고 필사적으로 호소했다. 그러나 다프네는 멈추지 않고 계속 도망갔으며, 그녀가 도망가면 갈수록 다프네를 향한 아폴론의 사랑은 깊어갔다. 도망가는 그녀의 모습은 한층 더 아름다워 보였다. 바람에 나부끼는 옷 아래에는 예쁜 다리가 들어나 보였고, 황갈색의 머리카락도 햇빛에 반짝반짝 빛나며 나부끼고 있었다.

도망가던 다프네는 점점 힘이 약해져서, 마침내 쓰러지고 말았다. 쓰러진 그녀는, 아버지 페네이오스에게 도움을 청했다.

"아버지, 저를 도와주세요. 대지의 입을 열어 저를 숨겨주세요. 만약 그
렇게 할 수 없다면, 제가 최악의 경우를 당하지 않게 저의 모습을 바꿔주
세요."

라고 부탁했다. 그러자 이상한 일이 벌어졌다. 그녀가 말을 마치자 말자, 그녀의 손발은 딱딱하게 굳어져 갔으며, 가슴은 부드러운 나무껍질로 덮이기 시작했다. 그리고 머리카락은 나뭇잎이 되고, 팔은 나뭇가지, 다리는 뿌리가 되어 땅속에 단단하게 박혀버렸다. 또, 얼굴은 가지 끝으로 변했으나, 그 모습은 여전히 아름다웠다.

이것을 본 아폴론은 깜짝 놀라, 그 자리에 서버렸다. 그가 나무를 만져보니, 그녀는 나무껍질 아래에서 떨고 있었다. 그가 나뭇가지를 끌어안고 키스를 하자, 상대는 그를 거부하는 것처럼 가지를 휘어 피했다.

그래도 아폴론은 그녀를 사랑했다. 그는 나무줄기 위에 손을 얹어, 그녀의 심장이 나무껍질 밑에서 아직도 헐떡이고 있는 것을 느꼈다. 그리고 마치 사람의 팔다리인 양 나뭇가지들을 끌어안고 나무에 입을 맞추었다. 나무가 되어서도 그녀는 그의 입맞춤에 움츠러들었다.

슬픔에 잠긴 아폴론이 말했다.

"당신을 나의 아내로 삼을 수 없다면, 당신을 나의 나무가 되게 하겠소. 그
리고 당신의 가지로 나의 왕관을 만들겠소. 나의 머리카락도, 수금도, 화살
통도 모두 당신의 나무로 장식하겠소. 아우구스투스 궁전 양옆에 당신을
두고, 그 가운데를 참나무 잎으로 장식하겠소.
또, 내가 당신을 영원히 늙지 않게 하고, 언제까지나 그 푸른 잎이 시들지
않도록 해주겠소."

월계수로 변한 다프네는 그 말을 듣고 감사의 뜻을 표하는 것처럼, 가지를 아래로 떨어뜨렸다.

월계수의 그리스어 이름은 다프네daphne이다. 꽃말은 여러 가지가 있지만, '나는 죽어서 모습을 변합니다'라는 꽃말은 이 이야기에서 유래되었다는 것은 말할 필요가 없다.

또 다프네는 월계수가 아니고, 서향Daphne odora으로 모습을 바꾸었다는 이야기도 있다. 그래서 서향의 학명이 다프네Daphne인 것도 이 이야기에서 유래된 것이라고 한다.

◀ **월계수** laurel
• **학명** : *Laurus nobilis*
• **원산지** : 지중해 연안
• **꽃말** : 명예, 승리, 영광, 나는 죽어서 모습을 변합니다

● 〈아폴론과 다프네〉
지오반니 바티스타 티에폴로

사과나무
파리스의 심판

제우스가 바다의 님프 테티스에게 마음을 뺏겨서, 그녀를 차지하려 한 적이 있었다. 하지만 테티스는,

> "나는 늙지 않지만 언젠가는 죽을 몸입니다. 당신은 신이기 때문에 늙지 않으며, 나이를 먹어도 죽지 않는 존재입니다. 그렇다면 나중에 괴로운 것은 바로 나입니다. 나는 이런 것이 정말 싫습니다."

라고 제우스의 청을 거절했다. 테티스는 인간의 아내가 되어, 행복한 삶을 살고 싶다고 생각한 것이다. 그래서 결국 인간인 아이기나 섬의 펠레우스와 결혼하였다.

일설에 의하면, 제우스와 포세이돈이 테티스의 사랑을 얻기 위해 싸웠는데, 테티스가 낳은 아들은 아버지를 능가할 것이라는 테미스의 예언이것은 펠레우스와 테티스 사이에 태어난 아킬레우스에 대한 복선이다 때문에 둘 다 테티스를 단념했다고 한다.

펠레우스와 테티스의 결혼식에는 많은 신과 영웅들이 초대되어 성대하게 거행되었다. 그러나 불화의 여신 에리스는 초대받지 못했다. 제우스가 그렇게 했다고도 하지만, 불화와 다툼은 결혼식과 어울리지 않기 때문이었다. 에리스는 당연히 화를 냈다. 이 결혼식을 망쳐버리겠다고 생각하고, 헤스페리데스 과수원에서 가져온 황금사과를 손님들이 모여있는 한가운데에 던졌다. 그 사과에는 '세상에서 가장 아름다운 여신에게' 라고 쓰여 있었다. 이 결혼식에는 자신이야말로 세상에서 가장 아름답다고 생각하는 제우스의 아내 헤라, 지혜의 여신 아테나, 미의 여신 아프로디테가 참석해있었다. 이 세 명은 서로 황금사과가 자기의 것이라고 주장했다. 제우스는 이 미묘한 문제에 끼어들고 싶지 않았으므로,

"누가 가장 아름다운지는 트로이의 왕자 파리스에게 심판을 받도록 하자."

라고 말했다.

이때 파리스는 트로이의 이데 산 위에서 양떼를 돌보고 있었다. 여신들은 황금사과를 가지고, 전령의 신 헤르메스의 안내를 받으며 파리스에게 갔다. 그리고 자기에게 유리한 판결을 얻어내려고 헤라는,

"인간이 가질 수 있는 최고의 권력과 부를 가지게 해주겠다."

라고 약속했다. 아테나는,

"어떤 전쟁에서도 이기도록 해주겠다."

고 약속했다. 또 아프로디테는

"당신에게 세상에서 가장 아름다운 여자를 아내로 주겠다."

라고 약속했다.

젊은 파리스는 순수한 마음을 가지고 있었다. 그래서 권력도 부도 명예도 아닌, 아름다움과 애정을 선택함으로써 아프로디테가 황금사과를 받게 되었다. 그리고 파리스는 아프로디테의 보호 아래 그리스로 가서, 스파르타

의 왕 메넬라오스의 환대를 받는다. 그런데 메넬라오스 왕의 비인 헬레네야말로 세상에서 가장 아름답다고 소문이 난 여인으로, 아프로디테가 파리스의 아내로 내정한 바로 그 여인이었다.

어느 날, 메넬라오스는 아내와 파리스를 남겨둔 채, 외할아버지 카트레우스의 장례식에 참석하러 크레타 섬으로 떠났다. 파리스는 그 틈을 타서, 아프로디테의 도움을 받아가며 헬레네를 유혹한다. 헬레네 역시 이국의 젊은 왕자에게 마음이 움직여, 둘은 트로이로 도망치게 된다. 이후 아내의 부정과 친구의 배신을 알게 된 메넬라오스는 군대를 일으켜 복수의 전쟁을 시작한다. 이것이 10년 동안이나 계속된 트로이 전쟁의 시작이다.

사과의 꽃말 '가장 아름다운 여인에게'는 이 이야기에서 유래된 것이다.

◀ **사과나무** apple tree
- **학명** : *Malus pumila*
- **원산지** : 발칸 반도
- **꽃말** : 현명, 성공, 가장 아름다운 여인에게

● 〈파리스의 심판〉
페테르 파울 루벤스

올리브나무

아테나와 포세이돈의 논쟁

그리스의 수도가 아테네라는 이름을 가지게 된 것은 올리브나무와 관련이 있다. 올리브나무는 전쟁과 지혜의 여신 아테나의 나무이며, 평화와 힘, 용기를 상징한다. 아테나는 제우스의 머리에서 다 자란 모습으로, 게다가 완전무장한 차림으로 튀어나왔다고 전해진다. 아테나는 실용적인 기술과 장식적인 기술을 관장하였으며, 남성에게는 농경 · 원예 · 항해술의 여신이고, 여성에게는 베짜기 · 길쌈 · 바느질의 여신이다. 또 전쟁의 신이기도 하지만, 호전적인 아레스와는 달리 방어적인 전쟁을 담당하였다.

한때 아테나와 바다의 신 포세이돈이 그리스 남부 아티카 지방의 한 도시의 소유권을 놓고 다툰 일이 있었다. 제우스는 이 문제를 평화적인 방법으로 해결하자고 했다. 그리고 이곳 주민들에게 더 유익한 것을 선물을 하는 쪽에게, 소유권을 주도록 하자는 제안을 했다. 그러자 포세이돈은 눈이 부시게 번쩍이는 말을 타고 와서,

"이 말은 빠르게 전차를 끌 수 있어서, 모든 전쟁을 승리로 이끌 수 있다."

라고 자랑하였다. 이에 대해 아테나는 한 그루의 올리브나무를 가져와 땅에 심으며,

"이 올리브나무는 밤에 등을 켤 수 있는 기름을 주고, 병을 낫게 해주며, 귀중한 먹을거리가 된다."

고 했다. 사람들은 말보다 올리브나무가 더 이로운 것으로 판단하여, 아테나의 손을 들어주었다. 그리고 그녀의 이름을 따서, 도시 이름을 아테네라 하였다. 이것은 말은 전쟁을 상징하고 올리브나무는 평화를 상징하므로, 아테네 사람들은 전쟁보다 평화를 갈망한다는 뜻을 담고 있다.

이후 인간들은 이 도시에 있는 아크로폴리스 언덕에 파르테논 신전을 세우고, 아테나에게 제사를 지냈다. 그리고 제사를 지낼 때 경기를 벌였는데, 이 경기에서 승리한 자에게는 올리브가지로 만든 관을 씌워주었다. 올리브나무가 아테네의 수호신 아테나의 나무이기 때문이다.

◀ 올리브나무 olive
• 학명 : *Olea europaea*
• 원산지 : 지중해
• 꽃말 : 평화, 풍요, 지혜

● 〈아테나와 포세이돈의 논쟁〉
르네 앙투안 우아스

소나무

레아의 실연

자기가 사랑하는 연인을 소나무로 변신시킨 여신의 이야기이다.

레아는 티탄 족에 속하는 여신으로 우라노스와 가이아의 딸이자 크로노스의 아내이며, 데메테르 · 헤라 · 하데스 · 포세이돈 · 제우스 같은 쟁쟁한 신들의 어머니이기도 하다. 또 가이아와 마찬가지로 대모지신大母地神 키벨레와 동일시되며, 로마 신화의 옵스 여신에 해당한다.

한때 레아가 어떤 양치기를 사랑하였다. 그러나 양치기에게는 전부터 사랑하는 애인이 있었기 때문에, 그녀의 사랑을 받아주지 않았다. 질투심에 사로잡힌 레아는 더욱더 열렬히 구애했지만, 양치기는 그녀의 사랑을 완강히 거절했다. 그녀는 자존심이 상한 나머지 그와의 사랑을 끝내기 위해, 그를 소나무로 바꾸어버렸다. 하지만 그렇게 하는 것만으로는 그를 잊을 수가 없었다. 슬픔에 잠긴 레아는 사랑하던 연인이 변한 나무 아래에서 하루하루를 보냈다.

그 모습을 본 제우스는 자신도 많은 실연을 당해봤기 때문에, 진심으로 어머니 레아를 동정하였다. 그래서 레아의 소중한 나무를 언제나 변치 않는 상록수로 만들어주었다. 소나무의 잎이 항상 푸름을 유지하는 것처럼, 그에 대한 사랑의 추억이 변하지 않도록 배려한 것이다.

토막상식

● 제우스의 연인과 자식들

여성		자식
헤라	신	아레스 (전쟁의 신)
메티스		아테나 (지혜와 전쟁의 신)
레토		아폴론 (태양신), 아르테미스 (달과 수렵의 신)
마이아		헤르메스 (전령의 신)
세멜레		디오니소스 (술의 신)
다나에	인간	페르세우스 (영웅)
알크메네		헤라클레스 (영웅)
에우로페		미노스 (크레타 섬의 왕)
레다		헬레네 (스파르타의 왕비)

◀ 소나무 pine
• 학명 : *Pinus*
• 원산지 : 세계 전역
• 꽃말 : 정절, 장수

포플러
제우스의 스푼

어느 날, 신들의 신 제우스는 은스푼 하나가 없어진 것을 알았다. 여기저기 찾아보았지만 발견하지 못하고, 지상의 숲 속 어디에 떨어뜨렸다고 생각했다. 그래서 미소년 가니메데스에게 명하여 숲 속에 내려가 찾아보게 하였다. 가니메데스는 먼저 참나무가 있는 곳으로 갔다.

"제우스 신의 은스푼이 어디 있는지 알고 있어요?"

하고 묻자, 참나무는 은색 잎을 흔들어 보이면서,

"제우스의 은스푼은 보지도 못했다. 그리고 나는 몇 천 개의 은스푼을 가지고 있다. 나는 나무의 왕이지 도둑놈은 아니다."

라며 화를 냈다. 가니메데스는 진심으로 사과하고, 이번에는 자작나무가 있는 곳으로 갔다. 자작나무도,

"보는 바와 같이 나는 이렇게 많은 은스푼에 싸여있다. 더 이상 은스푼을 훔칠 이유가 있겠는가?"

라고 큰 소리로 화를 냈다. 가니메데스는 이번에도 정중하게 사과했다.

그리고 찾아간 밤나무는, 가시가 가득 난 밤송이를 그의 머리 위에서 떨어뜨렸다. 느릅나무는 가지로 그의 머리를 때렸다. 전나무는 화를 내며, 몸을 흔들어 열매를 떨어뜨렸다. 가니메데스는 이렇게 호되게 당하면서, 마지막으로 포플러가 있는 곳으로 갔다. 그리고 제우스의 은스푼에 대해 물어보았다.

"내가 왜 제우스의 은스푼을 가지고 있다고 의심하는가? 나는 그 무엇도 감추고 있지 않다."

라고 말하며, 몸을 흔들어 보였다. 아무것도 감추고 있지 않다는 것을 보여주려는 몸짓이었다. 그 당시의 포플러는 지금처럼 크지 않았으며, 버드나무처럼 가지를 아래로 떨어뜨리고 있었다. 그때 가지 위에 있던 은스푼이 땅에 떨어졌다. 그 순간 포플러는 새파랗게 질려버렸다. 그리고 제우스의 분노를 떠올리자, 공포감에 잎 뒷면이 새하얀 색으로 변했다. 가니메데스는 떨어진 은스푼을 집어들고 올림포스로 돌아왔다. 제우스는 도둑질뿐 아니라, 거짓말까지 한 포플러를 그대로 둘 리가 없었다. 그래서 포플러에게,

"네가 지은 죄의 벌로, 영원히 하늘을 향해 가지를 들고 있도록 하라. 그러면 앞으로는 그 무엇도 숨기지 못하게 될 것이다."

라고 말했다. 이후로 포플러의 잎 뒷면은 흰색으로 변했으며, 가지는 높이 하늘을 향해 뻗게 되었다고 한다.

◀ 포플러 poplar
• 학명 : *Populus*
• 원산지 : 북아메리카
• 꽃말 : 비탄, 애석

은백양
하데스의 사랑

대양의 신 오케아노스와 바다의 님프 테티스 사이에 레우케라는 아름다운 딸이 있었다. 그런데 지하세계의 왕 하데스가 레우케를 납치하여 지하세계로 데려갔다. 그리고 많은 세월이 흘렀다. 레우케는 불멸의 존재가 아니기 때문에, 수명이 다하여 죽음을 맞이하였다. 이에 슬픔에 잠긴 하데스가 레우케를 엘리시온 평원으로 데려가서 은백양으로 변신시켜주었다.

이 이야기는 이렇게도 전해진다. 레우케는 지하세계에서 수명이 다해서 죽은 것이 아니라고 한다. 하데스가 그녀를 납치하여 난폭한 짓을 하려던 순간, 하데스의 아내 페르세포네가 나타나 레우케를 은백양으로 만들어주었다고 한다.

■ **오케아노스** Oceanos
바다를 뜻하는 영어 오션(ocean)은 대양의 신 오케아노스에서 유래된 것이다.

● 트로이 유적지

터키 차낙칼레 주에 있는 고대 트로이 유적지로 호메로스의 《일리아스》의 배경이 된 곳이다.

◀ 은백양white poplar
 • 학명 : *Populus alba*
 • 원산지 : 유럽
 • 꽃말 : 슬픔

31

플라타너스
제우스와 에우로페가 사랑을 나눈 나무

에우로페는 페니키아의 공주다. 한번은 페니키아의 시돈 해변에서 시녀들과 놀고 있었는데, 제우스가 에우로페의 미모에 반해서, 그녀를 차지하기 위해 황소로 변신하여 접근해왔다. 멋진 뿔이 단 하얀 황소가 나타나 풀을 뜯고 있는 것을 본 에우로페는, 호기심에 조심스레 황소 곁으로 다가갔다. 그러자 황소는 에우로페 앞에 누웠고, 그녀는 황소를 쓰다듬어 주었다.

에우로페는 황소가 너무 멋있고 순해서, 마음의 경계를 풀고 황소 등에 올라타 보았다. 그러자 황소는 갑자기 자리를 박차고 일어나 해변으로 가더니, 바다를 헤엄쳐 먼 곳으로 나갔다. 에우로페는 깜짝 놀라 비명을 질렀지만, 시녀들은 바다 한가운데로 헤엄쳐가는 에우로페와 황소를 지켜볼 수밖에 없었다.

황소는 에우로페를 등에 태운 채, 온 유럽을 돌아다녔다. 그리고 마침내 크레타 섬에 상륙하여 본색을 드러내고는, 고르티나 샘 근처의 플라타너스 나무 밑에서 에우로페와 사랑을 나누었다. 이렇게 해서 에우로페는 제우스의 아들을 낳게 되는데, 이 아들이 바로 크레타에 왕국을 세운 미노스 왕이다.

　나중에 에우로페는 크레타의 왕 아스테리오스와 결혼하였다. 이때 제우스는 그녀에게 세 가지 선물, 즉 크레타 섬을 지켜 주는 청동 인간 탈로스, 과녁을 빗나가지 않는 창, 그리고 절대로 사냥감을 놓치지 않는 사냥개를 주었다. 또 제우스가 잠시 몸을 빌렸던 흰 황소는 하늘의 별자리 황소자리 Taurus가 되었다.

■ **에우로페** Europe
　유럽(Europe)이라는 말은 에우로페의 이름에서 유래된 것이다.

◀ **플라타너스** platanus
　• 학명 : *Platanus*
　• 원산지 : 북아메리카, 유럽
　• 꽃말 : 용서, 화해, 휴식

● 〈에우로페의 납치〉
페테르 파울 루벤스

보리수와 참나무
죽어서 나무가 된 노부부

제우스와 그의 아들 헤르메스가 인간의 모습을 하고, 지상을 여행하고 다닐 때의 이야기이다. 그들은 밤이 늦어서 프리지아에 도착했다. 그리고 지친 나그네처럼 이집저집 하룻밤 묵을 곳을 찾아 다녔지만, 주민들은 몰인정하게 그들에게 문을 열어주지 않았다. 그러던 차에, 언덕 위에 있는 작고 초라한 오두막집이 그들을 맞아주었다. 나이가 많은 필레몬과 그의 아내 바우키스의 집이었다. 노부부는 처음 보는 여행자들에게,

"이런 늦은 밤까지 다니시다니, 많이 피곤하시죠. 어서 들어오세요."

라고 말하며, 기쁜 마음으로 맞아주었다. 가난한 노부부는 불을 피워 방을 따뜻하게 데우고, 변변치 않았지만 정성껏 먹을 것을 준비해서 이들을 맞아주었다. 손님들을 위해 준비한 식사는 올리브 열매, 식초에 절인 산딸기, 무와 치즈, 그리고 재 속에 넣어 구운 달걀 등이었다. 오래된 것은 아니었지만 포도주가 나오고, 후식으로 사과와 꿀이 나왔다. 그리고 무엇보다도 좋았던 것은 노부부의 소박한 미소와 정성스러운 환대였다.

필레몬은 손님들에게,

"보시는 바와 같이 우리는 가난한 부부입니다. 음식이 입에 맞으실지 모르
겠지만, 부디 기분 좋게 드시기 바랍니다."

라고 말하며, 손님들에게 음식을 권했다. 그리고 포도주를 따라주었는데,
아무리 따라도 포도주가 줄어들지 않는 것을 보고 노부부는 놀랐다. 이런
이상한 일이 일어난 것으로 보아, 이 손님들은 분명 인간이 아니라 신일 것
이라고 생각했다. 그리고 노부부는 엎드려 손을 모으고, 변변찮은 대접에
대해 사과했다. 하지만 제우스는 이렇게 말했다.

"당신들이 생각하는 것처럼 우리는 신이다. 이 마을의 다른 사람들은 모두
신에 대한 불경으로 인해, 벌을 받게 될 것이다. 그러나 당신들은 그 벌을
받지 않을 것이다. 우리와 함께 저 산꼭대기로 올라가자."

노부부는 신들을 따라 산위로 올라갔다. 산꼭대기에 다다라서 밑을 내려
다보니, 노부부의 집만 빼고 마을은 온통 물에 잠겨있었다. 그러나 더 놀라
운 것은 노부부가 살던 초라한 오두막집이 훌륭한 신전으로 바뀌어있었다.
낡은 기둥 대신 대리석 기둥이 서고, 짚으로 이은 지붕은 번쩍이는 황금 지
붕으로 변해있었다.

이윽고 제우스는 인자한 어조로 이렇게 말했다.

"마음이 아름답고 신심이 깊은 부부여, 당신들의 소원이 무엇인지 말해보
시오. 무엇을 말하더라도 들어주겠소."

노부부는 잠시 상의한 뒤, 신에게 두 사람의 소원을 말했다.

"우리 부부는 지금부터 사제가 되어, 당신이 만들어 놓은 이 신전을 지키고
자 합니다. 그리고 우리는 이때까지 사이좋게 살아왔으며, 죽을 때도 함께
하기를 원합니다. 나 혼자 살아남아서 아내의 무덤을 돌보거나, 아내의 손
으로 내 무덤을 파는 일이 없도록 해주십시오."

제우스는 그 소원을 들어주겠다고 약속했다.

그리고 오랜 시간이 지나서, 두 사람은 신전의 계단에 앉아서 지나온 이야기를 하고 있었다. 그때 바우키스는 남편 필레몬의 몸에서 나뭇잎이 나오는 것을 보았다. 그리고 필레몬도 아내 바우키스의 몸에서 나뭇잎이 돋아나는 것을 보았다. 그러는 사이에, 나뭇잎 관이 둘의 머리에 씌워지기 시작했다. 두 사람은 점점 몸을 움직일 수 없게 되자, 서로 작별인사를 나누었다.

"안녕, 내 사랑!"

이렇게 해서 두 사람은 동시에 보리수린덴와 참나무오크로 변했다.

이후 이곳의 농부들은 이따금 이 나무 아래 누워서, 신에 대한 존경과 금슬 좋은 부부에 관한 이야기로 꽃을 피웠다.

◀ **보리수** linden
• 학명 : *Tilia europaea*
• 원산지 : 유럽
• 꽃말 : 부부애

● 〈제우스와 헤르메스를 접대하는 필레몬과 바우키스〉
페테르 파울 루벤스

참나무
아이아코스의 개미사람

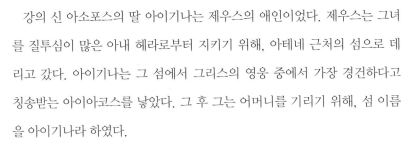

강의 신 아소포스의 딸 아이기나는 제우스의 애인이었다. 제우스는 그녀를 질투심이 많은 아내 헤라로부터 지키기 위해, 아테네 근처의 섬으로 데리고 갔다. 아이기나는 그 섬에서 그리스의 영웅 중에서 가장 경건하다고 칭송받는 아이아코스를 낳았다. 그 후 그는 어머니를 기리기 위해, 섬 이름을 아이기나라 하였다.

한번은 아이기나에 아주 무서운 역병이 만연한 적이 있었다. 헤라가 이 섬의 이름을 자기의 연적인 아이기나의 이름을 따서 붙인 것을 알고 내린 재앙이었다. 아이아코스는 모든 방법을 동원해서 역병을 진정시켜보려고 해보았지만, 신이 내린 재앙은 어찌할 도리가 없었다. 역병은 점점 더 번져갔으며, 죽는 사람의 수도 기하급수적으로 늘어갔다. 마침내 장례를 치를 장소도, 사체를 태울 나무도 구할 수 없을 지경에 이르렀다.

사정이 이렇게 되자, 아이아코스는 제우스에게,

"제우스여! 당신이 정녕 저의 아버지시라면, 그리고 저를 가엽게 여기신

다면 저의 백성들을 돌려주십시오. 그렇지 않으면 저의 목숨도 가져가십
시오."

라고 기도했다. 제우스는 신심이 깊은 아이아코스의 기도를 받아들였으
며, 번개와 천둥을 내려서 기도에 응답하겠다고 알려주었다.

마침 아이아코스 왕이 기도를 올리던 곳 근처에 제우스에게 봉헌된 참나
무가 있었다. 나뭇가지를 넓게 벌린 멋진 나무로, 도도나의 신탁소 에페이로스
산에 있는 그리스 최고의 제우스 신탁소 옆에 있는 참나무 열매에서 자란 나무였다.
개미가 그 나무 위로 열을 지어 지나가는 것을 본 아이아코스는,

"제우스여! 이 개미와 같은 수의 백성을 저에게 내려주소서. 그리고 이 나
라가 다시 원래대로 번성하게 해주소서."

라고 간절히 기도했다. 그러자 이상하게 바람이 불지 않는데도, 참나무
가지가 흔들리기 시작했다. 아이아코스는,

"이것은 나의 소원을 들어주겠다는 뜻이겠지."

라고 생각하며, 기쁜 마음에 집으로 돌아왔다. 그리고 그날 밤에 꿈을 꾸
었는데, 낮에 그가 기도를 올린 참나무가 나타나고, 개미들이 줄을 지어 곡
식을 운반하고 있었다. 참나무가 흔들리자 개미들은 밭 한가운데로 떨어졌
으며, 땅에 떨어진 개미들은 점점 커졌다. 그리고 얼마 지나지 않아 똑바로
서서 걷기 시작하더니, 서서히 인간의 모습으로 변신하였다.

그때 비로소 잠에서 깨어난 아이아코스는 그것이 꿈이었다는 것을 깨달
았다. 그리고 자신에게 이런 멋진 꿈만 보여주고, 실제로는 아무 것도 도와
주지 않는 신을 원망하고 싶은 충동에 사로잡혔다. 그때 건물 밖에서 왁자
지껄하는 소리가 들렸다. 이것도 꿈일지 모른다고 생각하는 순간, 아들 텔
라몬이 뛰어 와서,

"아버지, 믿지 못할 일이 일어났습니다. 아버지께서 바라시던 그 이상의 일이 일어났습니다."

라고 외쳤다. 급히 밖으로 나가보니, 꿈에서 본 것과 같이 인간이 줄을 지어 지나가고 있었다. 제우스가 그의 기도를 들어준 것이다. 믿음이 깊은 아이아코스는 제우스에게 감사의 마음을 표하였으며, 공물을 봉헌하는 것도 잊지 않았다.

아이기나의 이 새로운 백성들은 그리스어로 개미를 뜻하는 미르멕스 myrmex에서 이름을 따서 미르미돈Myrmidon이라 부르고, 논과 밭을 나눠주었다. 그들은 개미와 같이 부지런하고 근검하며, 어려움을 참고 열심히 일하는 사람들이었다고 한다.

● 〈아이아코스와 텔라몬〉
장 미셸 모로

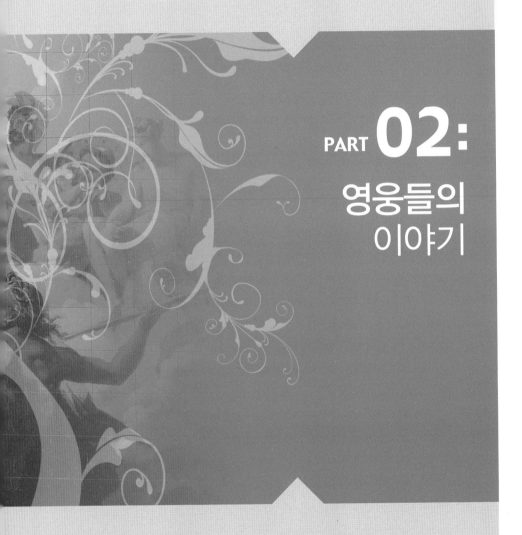

PART **02**:

영웅들의
이야기

백 합
헤라클레스의 탄생

　암피트리온의 아내 알크메네는, 미모와 지혜가 견줄 이가 없을 정도로 빼어난 여인이었다. 오래 전부터, 제우스는 아름다울 뿐 아니라 남편을 마음속으로 존경하는 알크메네를 차지하려고 호시탐탐 기회를 노리고 있었다.

　한번은 암피트리온이 전쟁터에 나간 사이에, 제우스가 그의 모습으로 변신하여 알크메네의 침실에 들어갔다. 제우스는 암피트리온처럼 행세하며, 전리품을 선물로 주고 마치 실제로 싸운 것처럼 전쟁터에서 겪은 재미있는 이야기도 들려주었다. 이렇게 제우스와 알크메네는 하룻밤을 보냈는데, 그 결과 태어난 것이 헤라클레스이다.

　제우스는 헤라클레스를 불사신으로 만들고 싶었다. 그렇게 하기 위해서는, 헤라의 젖을 먹이지 않으면 안되었다. 그러나 헤라는 질투심이 강한 여자여서, 아무리 제우스의 아들이라 할지라도 다른 여자가 낳은 아이에게 젖을 준다는 것은 상상할 수 없는 일이었다. 그래서 제우스는 헤라에게 수면제를 먹여 잠들게 한 후, 그녀의 가슴에 헤라클레스를 놓아두었다. 헤라클레스는 그녀의 가슴에 달라붙어, 천진난만하게 젖을 먹었다. 비록 갓난아

기였지만, 헤라클레스의 흡입력은 강력했다. 꿈을 꾸고 있던 헤라는 비명을 지르며, 아기를 가슴에서 떼어냈다. 하지만 그녀의 젖꼭지에서 용솟음쳐 나온 젖은 하늘로 올라가 '젖의 길', 즉 은하수Milky Way가 되었으며, 땅에 떨어진 것은 흰 백합꽃이 되었다고 한다.

▦ **밀키 웨이**Milky Way
올림포스 산에는 신들의 궁전 한가운데로 큰 길이 나있는데, 밤중이면 인간들의 눈에도 잘 보인다. 이 길의 이름은 라틴어로 비아 락테아(Via Lactea)인데, '젖의 길'이라는 뜻이다. 영어로는 밀키 웨이(Milky Way)이며, 우리말로는 은하수다.

토막상식

● **헤라클레스의 12과업**

제1과업	네메아의 식인 사자를 물리치다.
제2과업	레르나 늪지에 살고 있는 독사 히드라를 물리치다.
제3과업	수렵의 여신 아르테미스의 암사슴을 생포하다.
제4과업	사나운 멧돼지를 생포하다.
제5과업	아우게이아스의 오염된 외양간을 청소하다.
제6과업	스팀팔로스의 괴물 새를 퇴치하다.
제7과업	크레타 섬의 난폭한 황소를 생포하다.
제8과업	사람을 잡아먹는 말을 생포하다.
제9과업	아마존 족의 여왕의 보물인 허리띠를 가져오다.
제10과업	거인 게리온이 키우는 소의 무리를 잡아오다.
제11과업	헤스페리데스의 황금사과를 가져오다.
제12과업	지하세계를 지키는 괴물 케르베로스를 데려오다.

◀ **백합**lily
• **학명** : *Lilium*
• **원산지** : 지중해 동부
• **꽃말** : 순결, 변함 없는 사랑

● 〈은하수의 기원〉
틴토레토

나미 부부의 **그리스신화 속 꽃 스토리텔링**

히아신스
아킬레우스의 죽음

트로이 전쟁의 영웅 아킬레우스는, 발뒤꿈치에 파리스의 독화살을 맞고 죽는다. 그의 시신을 탈취하기 위해 트로이 군이 몰려왔을 때, 오디세우스가 이를 물리치고 시신을 그리스 진영으로 운반해온다. 그 후 아킬레우스의 장례식 때, 그의 갑옷을 누가 물려받을 것인가를 두고 오디세우스와 아이아스가 다툼을 벌인다. 이 갑옷은 대장장이의 신 헤파이스토스가 만들어준 세상에 하나밖에 없는 귀중한 것이기 때문이었다.

아테나와 아가멤논은 오디세우스 편이었다. 그들은 아이아스는 아킬레우스의 사체를 팔로 안고 있기만 했지, 실제로 적군과 싸운 것은 오디세우스라고 했다. 심판 결과, 지혜와 용기를 겸비한 오디세우스가 그 갑옷을 상속하는 것으로 결정이 났다.

아이아스는 이 결정을 수치스럽게 여기고, 분노를 느낀 나머지 미쳐버리고 만다. 정신착란을 일으킨 그는 양떼를 오디세우스와 아가멤논으로 착각하여 모두 베어 죽인다. 다음날 아침에 제정신으로 돌아온 그는, 전리품인 헥토르의 칼로 스스로 목숨을 끊는다. 이때, 아이아스의 피에서 히아신스가 피어났다고 한다. 그리고 꽃잎에는 '아아$\alpha\alpha$'라는 문자가 나타났는데, 이것은 아이아스의 머리글자로 그리스어로는 '슬프다 슬프다'라는 의미이다.

오늘날 히아신스라고 부르는 꽃은 16세기 중엽에 유럽에 들어온 식물이기 때문에, 그리스 신화 시대에 히아신스라 불리던 꽃은, 락스퍼·붓꽃·팬지 중 어느 하나라고 한다.

■ **아킬레우스** Achilles

아킬레스 건은 '강한 자의 유일한 약점'이라는 뜻이다. 아킬레우스가 태어났을 때, 그의 어머니 테티스가 아기의 발뒤꿈치를 잡고 스틱스 강에 목욕을 시켰는데, 강물이 닿은 부분은 강해졌지만 발뒤꿈치만은 약점으로 남았다.

●〈아킬레우스의 죽음〉
페테르 파울 루벤스

03

톱 풀

펜테시레아의 혼이 깃든 꽃

트로이 전쟁이 절정에 이르렀을 때다. 아침부터 일리오스 성 가까이에서는 격렬한 전투가 반복되었다. 전쟁은 언제 끝날지 기약이 없었으며, 많은 부상자와 전사자가 나왔다. 그리스의 명장 아킬레우스의 활약은 대단하였고, 그의 전투 모습은 장대했다고 전해진다. 아킬레우스는 대장장이의 신 헤파이스토스가 만들어준 갑옷을 입고, 그가 만들어준 창을 들고 싸웠다. 아킬레우스는,

> "오늘은 트로이 병사 백 명을 물리치겠습니다."

라고 신에게 맹세하였다. 그리고 저녁 무렵까지 구십구 명의 적을 물리쳤다. 드디어 백 명째 적을 만났을 때, 그는 상대가 무장한 모습을 보나 싸우는 모습을 보나 유명한 장수임에 틀림없다고 생각했다. 두 장수가 서로 있는 힘을 다해 싸운 끝에, 아킬레우스가 간신히 승리할 수 있었다. 그리고 적장의 투구를 벗긴 아킬레우스는 깜짝 놀랐다. 그 속에는 살갗이 흰 금발의 여성이 있었기 때문이었다. 그녀는 아마존 왕국의 여왕 펜테시레아였다.

그녀는 일찍부터 사냥을 했는데, 한번은 실수로 자기 여동생을 활로 쏴 죽인 적이 있었다. 그런데 트로이의 왕 프리아모스에게 그 죄를 사면받았다. 그리스 군의 침공으로 트로이가 멸망 직전에 이른 이때야말로 그 은혜에 보답할 때라고 생각하여, 아마조네스 군단을 이끌고 이 전쟁에 참가한 것이다. 그녀는 항상 군단의 선두에 서서, 전군을 지휘하며 용감하게 싸웠다. 펜테시레아는,

"이 시대 제일의 영웅 아킬레우스와 싸워 자웅을 겨뤄보고 싶다."

라고 말했기 때문에, 그와의 싸움에서 패한 것은 오히려 그녀가 바라던 것이었을지도 모른다.

아킬레우스는 이토록 아름다운 아마존의 여왕을 죽여야 한다는 사실을 무척 슬퍼했다. 그리고 극진하게 장사를 치룬 후에, 그녀의 명복을 빌면서 신에게,

"아마존 여왕의 혼이 꽃에 깃들게 해주십시오."

라고 기도했다. 그리고 소원이 이루어져서 그녀는 톱풀로 변했다.

■ **아킬레우스** Achilles
톱풀은 아킬레아(achillea)라고도 한다. 학명은 아킬레아(*Achillea*)인데, 이는 아킬레우스의 이름에서 유래된 것이다.

◀ **톱풀** yarrow
• 학명 : *Achillea millefolium*
• 원산지 : 유럽
• 꽃말 : 지도력, 변함없는 사랑

● 〈아킬레우스와 펜테시레아〉

연꽃
망각의 열매

오디세우스의 모험 이야기 중에 연꽃에 관한 것이다.

트로이 전쟁이 끝나고 그리스로 돌아가던 오디세우스 일행은, 폭풍우를 만나 어느 섬에 표류하게 되었다. 이 섬에는 '로터스 이터'라 불리는 사람들이 살고 있었는데, 연꽃의 열매인 연밥을 먹기 때문에 붙여진 이름이다. 그들은 친절하고 평화로워 보였지만, 뭔가를 해보겠다는 목적의식 없이, 그저 빈둥거리며 하루하루를 보내고 있었다.

섬에 도착한 오디세우스는, 먼저 부하들에게 섬을 탐색해보고 오라고 명령했다. 하지만 한참이 지났는데도 정찰을 나간 부하들이 돌아오지 않았다. 실은 정찰 나간 부하들이 섬의 주민들이 권하는 연밥을 먹고, 고향으로 돌아간다는 사실을 까맣게 잊고 그저 몽상에 빠져있었다. 이 열매는 맛이 있는 것은 아니지만 먹으면 기분이 좋아져서, 자신이 해야 할 일을 모두 잊어버렸다. 그리고 계속 이 열매를 먹어야겠다는 생각만 하는 것이었다. 이 사실을 알게 된 오디세우스는 부하들을 강제로 배로 데리고 왔다. 그리고 이곳에 오래 머물러서는 안되겠다고 생각하여, 그 섬을 도망쳐 나왔다.

그 후 번잡한 생활에서 도망쳐 나와, 현실도피적인 생활을 하는 사람을 로터스 이터lotus eater라 부르게 되었다. 보통 로터스lotus는 연꽃을 일컫는데, 여기에서 말하는 연꽃의 열매, 즉 연밥의 정체는 불명확하다.

연꽃의 꽃말 '휴식'은 이 이야기에서 유래된 것이다. 또, '멀어진 사랑'이라는 꽃말도 고향도 아내도 연인도 잊어버린, 오디세우스의 부하들에서 유래된 것이다.

로터스 이터lotus eater
몽상가 또는 현실 감각이 부족하거나, 아무 문제의식이 없이 살아가는 사람을 일컫는 말이다.

◀ **연꽃** lotus
- **학명** : *Nelumbo nucifera*
- **원산지** : 아시아 남부, 오스트레일리아 북부
- **꽃말** : 군자, 청정, 휴식, 멀어진 사랑

● 〈연꽃 섬의 오디세우스〉

05

투구꽃
메데이아의 독약

판디온 왕에게는 아이게우스 · 팔라스 · 니소스 · 리코스라는 네 명의 자식이 있었다. 아버지가 죽은 후, 이들은 아테네를 공격해서 통치권을 획득하였다. 그리고 네 명이 그곳을 분할해서 통치하였으며, 그 종주권은 아이게우스가 가졌다.

아이게우스에게는 아이가 없었기 때문에, 델포이 신전에 가서 자식을 얻을 수 있는 신탁을 구했다. 그러자 다음과 같은 신탁이 내려졌다.

"아테네로 돌아가기 전까지, 포도주를 담은 가죽부대를 열지 말라."

신탁의 의미를 이해하지 못한 아이게우스는 아테네로 돌아가는 길에, 트로이젠의 왕 피테우스에게 들러 신탁의 의미를 물어보았다. 피테우스는 신탁이 위대한 영웅의 탄생을 암시한다는 것을 알아챘다. 그리고 아이게우스에게 술을 잔뜩 마시게 하여 자신의 딸 아이트라와 동침하게 하였다. 이렇게 해서 아이트라는 임신하게 되었다. 아이게우스는 귀국하면서 아이트라에게,

"만약 남자아이가 태어난다면 아버지의 이름을 가르쳐주지 말고 키우세요. 그리고 큰 바위 밑에 칼 한 자루와 구두 한 켤레를 숨겨두고 그 아이가 바위를 들 수 있을 때, 아버지의 이름을 밝히고 칼과 구두를 증표로 아테네로 보내세요."

라는 말을 남겼다. 이렇게 해서 태어난 아이가 아테네의 영웅 테세우스이다.

아테네로 돌아온 아이게우스는, 이아손과 이별한 후 코린토스에서 도망쳐 온 메데이아를 네 번째 아내로 맞이하였다. 그리고 메데이아와의 사이에서 메도스를 얻는다. 메데이아는 테세우스가 돌아온다고 하자, 이 부자가 아직 서로 알지 못하는 것을 다행하게 생각하며, 그를 죽일 음모를 꾸몄다. 메데이아는 아이게우스에게,

"이 남자는 당신의 왕위를 노리는 자입니다. 이 남자를 아테네에서 추방하지 않으면 안됩니다."

라고 말했다. 그래서 아이게우스는 테세우스를 추방하려는 구실로, 그에게 마라톤 평원의 사나운 황소를 죽이라고 명하였다. 헤라클레스에게 반해서, 자신도 그와 같은 영웅이 되기를 원하던 테세우스는 그 명령을 기쁘게 받아들였다. 그리고 어렵게 그 황소를 퇴치하고, 다시 아테네로 돌아왔다. 이를 본 메데이아는 점점 더 그를 두려워하게 되었다.

아이게우스는 테세우스가 돌아온 것을 축하하는 연회를 베풀었다. 이 자리에서 메데아이는 테세우스 곁에 앉았다. 그녀는 실은 아름다웠고, 몸 전체에서 말로 형용할 수 없는 좋은 향기가 났다. 마치 테세우스를 유혹하는 것 같았다. 메데이아는 금잔에 포도주를 따르며,

"어서 오세요. 훌륭한 젊은이여! 당신이 세운 많은 공적은 영웅이라 불리기에 충분한 것이오. 이 포도주는 휴식과 생명의 원천으로, 당신의 상처를 낫게 해줄 것이오."

라고 말하며, 테세우스에게 잔을 건넸다. 그가 포도주를 마시려는 순간, 메데이아의 눈을 보았다. 그녀의 눈은 빛나고 아름다웠지만, 그 속에는 뱀이 비쳤다.

"한 가지 부탁이 있습니다. 신들이 마시는 이 술을 아름다운 당신이 먼저 마시는 게 좋겠군요. 그러면 당신의 입술에서 나온 향이 포도주로 옮겨져, 한층 더 좋은 술이 되리라 생각됩니다."

라고 하며, 메데이아에게 잔을 내밀었다. 그녀는 얼굴색이 변하며,

"나는 지금 몸 상태가 좋지 않아서…."

라고 횡설수설하였다. 그러자 테세우스는 큰 소리로,

"포도주를 마시지 않는다면, 나의 이 손으로 당신의 목숨을 빼앗아 버리겠다."

라고 말하였다. 그곳에 있던 사람들은 심상찮게 돌아가는 상황에 두려움을 느끼며, 꼼짝하지 않고 있었다. 그 순간 메데이아는 가지고 있던 잔을 테이블에 던져버리고, 뱀이 끄는 마차를 타고 어디론가 도망가버렸다. 대리석 테이블은 흐물흐물 녹아내리고 모락모락 연기가 났다.

그리고 테세우스는 칼과 구두로 자신이 아이게우스의 아들이라는 것을 증명하였다. 아버지 아이게우스도 메데이아에게 속은 것을 알고, 테세우스를 따뜻하게 맞아주었다.

메데이아가 따른 포도주에는 투구꽃의 독이 들어있었다. 투구꽃의 맹독성은 옛날부터 잘 알려져 있으며, 맹독성으로 인해 지옥의 여왕 헤카테에게 봉헌되었다.

■ 테세우스 Theseus
테세우스는 '묻혀 있는 보물'이라는 뜻의 테사우로스(thesauros)를 뜻한다. '지식의 보고', '사전'을 의미하는 영어 씨서러스(thesaurus)는, 이 말에서 유래된 것이다.

● 〈바위를 들어올리는 테세우스〉
로랑 드 라 이르

투구꽃
케르베로스가 뿜어낸 독기

이 이야기는 그리스 신화 속 최대의 영웅 헤라클레스가, 에우리스테우스로부터 부여받은 열두 가지 과업 가운데 마지막 과업에 관한 것이다.

그의 마지막 과업은 지하세계를 지키는 괴물 케르베로스를 산채 데리고 오는 것이었다. 이 괴물은 머리가 세 개인데다 뱀 꼬리가 달려있으며, 턱 주위에도 무수한 뱀 머리가 나있다. 입에서는 끊임없이 독을 뿜어내며, 지옥에서 도망치려는 자들을 붙잡아 오는 임무를 수행하고 있었다. 에우리스테우스는 헤라클레스가 두 번 다시 살아서 돌아오지 못하게 하려고, 이처럼 어려운 과제를 주었다.

그런데 지하세계는 죽은 자만이 가는 곳으로, 누구도 그 입구의 위치를 알지 못한다. 하지만 헤라클레스는 전령의 신 헤르메스의 도움을 받아 지하세계로 들어갈 수 있었다. 헤라클레스는 지하세계의 왕 하데스를 만나 케르베로스를 넘겨달라고 간청했다. 하데스는,

"무기를 쓰지 않고 케르베로스를 제압한다면 데려가도 좋다."

라고 답했다. 헤라클레스는 맨몸으로 케르베로스에게 달려들어, 목을 감아 제압한 후 미케네로 끌고 갔다. 입에서 불을 토해내는 케르베로스를 보고, 에우리스테우스는 겁에 질려,

> "잘했다. 내가 준 임무를 모두 수행했으니, 이제 너는 자유의 몸이다. 그리고 이 괴물은 다시 데려다 주어라."

라고 말했다.

헤라클레스와 케르베로스가 싸우는 동안, 케르베로스가 괴로워하며 독기를 품은 거품을 토해냈다. 이 거품이 대지에 스며들었는데, 그 흔적에서 생겨난 것이 투구꽃이라고 한다.

◀ **투구꽃** monkshood
- **학명** : *Aconitum*
- **원산지** : 그리스, 시리아
- **꽃말** : 밤의 열림, 나를 건드리지 마세요

● 〈헤라클레스와 케르베로스〉
페테르 파울 루벤스

07

그리스신화 속 꽃 스토리텔링

갈란투스

마법을 무력하게 만든 꽃

트로이 전쟁이 끝나자, 그리스 군인들은 각자 자기 고향으로 돌아가기 시작했다. 오디세우스도 귀향의 길에 올랐으나, 도중에 라이스트리고네스 족의 공격을 받아서, 배와 부하들을 대부분 잃고 어느 섬에 표착하게 되었다.

아이아이에라 불리는 이 섬에는 태양신 헬리오스의 딸이며, 모든 마법에 능통한 키르케가 살고 있었다. 여행에 지친 오디세우스는 섬에 상륙하자마자 이틀간을 잠만 잤다. 원기를 회복한 오디세우스는, 우선 섬을 정찰할 사람을 제비뽑기로 정했다. 섬에 어떤 위험이 도사리고 있을지 모르기 때문이었다. 그 결과 오디세우스는 배에 남고, 에우리로코스가 22명의 부하를 데리고 섬을 정찰하는 것으로 결정이 났다.

이들이 섬을 정찰하기 위해 숲으로 들어가자, 훌륭한 건물이 나타났다. 넓은 정원에는 사자·이리·멧돼지 같은 맹수들이 으르렁대고 있었다. 실은 이 짐승들은 원래 인간이었으나, 키르케의 마법에 걸려 모습을 바꾼 자들이었다.

이러한 사정을 알지 못하는 에우리로코스의 부하들은 짐승들을 피해 건물 쪽으로 다가갔다. 안에서는 여자의 노래 소리가 들렸다. 이윽고 현관문이 열리더니 아름다운 여성이 나타나서,

"어서 오세요. 여러분들이 오실 줄 알고 미리 식사를 준비해두었답니다."

라고 반갑게 맞아주었다. 이 아름다운 여성은 말할 것도 없이 키르케였다.

에우리로코스는 어떤 일이 일어날지 불안해하며, 밖에서 안을 감시하고 있었다. 부하들은 키르케가 권하는 대로 술과 음식, 그리고 마법의 약이 섞인 음료수를 마시고 춤을 추며 놀았다. 그리고 키르케가 마법의 지팡이로 때리자, 이들은 모두 멧돼지로 변해버렸다. 이것을 본 에우리로코스는 급히 오디세우스에게 돌아가 자초지종을 보고했다.

오디세우스는 부하들을 구하기 위해 키르케의 집으로 가다가, 운이 좋게도 도중에 전령의 신 헤르메스를 만났다. 헤르메스는,

"마법에 걸리지 않기 위해서는, 뿌리가 검고 우윳빛 꽃을 피우는 갈란투스가 있어야 합니다. 그 뿌리로 만든 즙을 마시면, 키르케의 마법은 효과가 없어집니다."

라고 가르쳐 주었다. 그리고 키르케가 동침을 요구할 텐데, 그러면 칼을 빼들고 자신에게 위해를 가하지 않겠다는 맹세를 먼저 받아내라는 충고도 해주었다.

오디세우스는 갈란투스 뿌리로 만든 즙을 마시고 키르케의 집으로 갔다. 그리고 거기서 키르케가 건네준 마법의 음료수를 마셨지만, 멧돼지로 변하지 않았다. 이것을 본 키르케는 이 남자가 보통내기가 아니라는 것을 알아차리고, 지금까지 자신의 무례한 행동에 대해 사과했다. 오디세우스는 자신의 신분을 밝히고,

"이제 더 이상 우리를 괴롭히지 마시오. 그리고 부하들을 원래 인간의 모습
으로 돌려놓으시오. 그렇게 한다면, 지금까지의 일은 모두 용서하주겠소."

라고 말했다. 키르케는 오디세우스의 말대로, 부하들을 인간으로 되돌
려놓고 일행을 극진하게 대접하였다. 그리고 오디세우스와 달콤한 잠자리
를 가졌다.

오디세우스는 키르케의 집에서 1년을 머무르다, 마침내 다시 귀향길에
나서기로 결심한다. 더 이상 오디세우스의 귀향을 만류할 수 없음을 깨달은
키르케는 오디세우스의 고향 이타카로 돌아갈 수 있는 방법을 알려 주었다.

◀ **갈란투스** snowdrop
• 학명 : *Galanthus*
• 원산지 : 남유럽, 캅카스 지방
• 꽃말 : 희망

● 〈오디세우스에게 잔을 건네는 키르케〉

존 윌리엄 워터하우스

사과나무
헤스페리데스의 황금사과

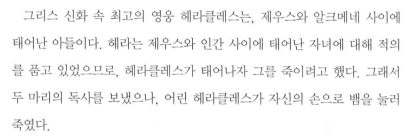

　그리스 신화 속 최고의 영웅 헤라클레스는, 제우스와 알크메네 사이에 태어난 아들이다. 헤라는 제우스와 인간 사이에 태어난 자녀에 대해 적의를 품고 있었으므로, 헤라클레스가 태어나자 그를 죽이려고 했다. 그래서 두 마리의 독사를 보냈으나, 어린 헤라클레스가 자신의 손으로 뱀을 눌러 죽였다.

　이후 헤라클레스는 헤라의 계략에 의해, 아르고스의 왕 에우리스테우스의 부하가 되어 그의 명령을 수행하는데 동원되었다. 에우리스테우스는 헤라클레스에게 수행하기 어려운 12가지 과업을 주는데, 그 중에 11번째 과업이 헤스페리데스의 과수원에서 황금사과를 가져오는 것이었다. 이 황금사과나무는 제우스가 헤라와 결혼할 때, 대지의 여신 가이아가 선물한 것이었다. 헤라는 그것을 님프 헤스페리데스들에게 주고, 백 개의 눈을 가지고 잠들지 않는 용 아르고스로 하여금 지키게 하였다.

　헤라클레스는 헤스페리데스의 과수원이 어디에 있는지 알지 못했다. 그래서 코카서스로 갔다. 거기에는 황금사과나무가 어디 있는지를 알고 있는 프로메테우스가 있기 때문이다. 프로메테우스는 인간에게 불을 가져다 준 죄로, 제우스의 벌을 받고 있었다. 그는 코카서스의 바위에 쇠사슬로 묶여 낮에는 독수리에게 간을 쪼아 먹히고, 밤이 되면 다시 간이 회복되는 영원한 고통을 겪고 있었다. 헤라클레스는 활로 독수리를 쏘아 죽여, 프로메테우스를 고통에서 해방시켜주었다. 프로메테우스는 그 답례로 헤스페리데스의 과수원이 아프리카의 아틀라스 산에 있다는 것과, 그것을 가져올 수 있는 방법을 가르쳐주었다.

많은 모험을 거친 후에, 헤라클레스는 아프리카에 있는 아틀라스 산에 도착했다. 티탄 족인 아틀라스는 티탄 전쟁에서 제우스에게 대항한 죄로, 양어깨에 무거운 하늘을 짊어지고 있어야 하는 벌을 받고 있었다. 헤라클레스가 황금사과를 따달라고 하자 아틀라스는,

> "당신이 이 두 가지 일을 해준다면, 황금사과를 따다 주겠다. 하나는 나 대신에 하늘을 짊어지는 것이고, 또 하나는 사과를 따기 전에 용 아르고스를 죽이는 것이다."

라고 말했다.

아틀라스는 헤스페리데스의 아버지이기 때문에, 황금사과를 따는 것은 그 이외에는 누구도 할 수 없었다. 헤라클레스는 그의 말을 따를 수밖에 없었다. 아틀라스가 가리키는 곳을 보니, 산 저 멀리에 헤스페리데스의 과수원이 있었다. 거기에는 금색의 잎이 무성한 나무가 한 그루 있고, 가지에는 황금사과가 주렁주렁 달려있었다. 그러나 헤라클레스가 지금까지 보지 못한 거대한 용이 나무줄기를 감싸고 있었다. 그는 화살을 시위에 메겨 용을 향해 쏘았다. 화살은 목표를 정확하게 명중시켜, 아르고스는 나무에서 떨어져 숨을 헐떡이며 땅속으로 도망쳐버렸다. 그리고 아틀라스 대신 무거운 하늘을 짊어졌다. 자유의 몸이 된 아틀라스는 헤스페리데스의 과수원으로 갔다.

하늘은 너무나 무거워서, 헤라클레스조차 허덕이며 밤을 새웠다. 드디어 아틀라스가 황금사과 세 개를 가지고 돌아와서는,

"황금사과는 여기 가지고 왔네. 하지만 내가 이것을 에우리스테우스에게 가지고 가겠네. 하늘을 짊어져보니 알겠지만, 그것은 너무 힘든 일이야. 하늘을 내려놓으니 이렇게 편하다는 것을 알게 되었네."

라고 말했다. 이 말을 들은 헤라클레스는 깜짝 놀라서, 어떤 방법을 강구하지 않으면 안되겠다는 생각이 들어 이렇게 말했다.

"나는 원래 오른손잡이인데, 왼쪽 어깨로 하늘 축을 바치고 있자니 힘이 들어 견딜 수가 없습니다. 그러니 하늘 축을 오른쪽 어깨로 옮겨주세요. 설마 아틀라스 신이 이런 사소한 청을 물리치지는 않겠죠?"

그 말에 아틀라스는 황금사과를 땅바닥에 내려놓고, 헤라클레스 옆으로 다가가 하늘 축을 조금 들어주었다. 그때 헤라클레스는 하늘 축을 왼쪽 어깨에서 오른쪽 어깨로 옮기는 척하다가 재빨리 빠져나와, 바닥에 놓인 황금사과를 들고 미케네로 도망쳤다.

● 〈헤라클레스의 과업〉

그리스신화 속 꽃 스토리텔링

느릅나무

프로테실라오스와 라오다메이아의 상봉

트로이의 무장 프로테실라오스는 필라케의 왕 이피클로스의 아들이다. 그는 이올코스의 왕 아카스토스의 딸 라오다메이아와 결혼했다. 결혼 직후 트로이 전쟁이 발발하자, 그는 40척의 함선을 이끌고 전쟁에 참가했다. 그도 전에 헬레네의 구혼자들 중 한 명으로, 그녀의 신변에 이상이 생기면 도와주기로 한 구혼자의 맹세를 했기 때문이다.

그리스군의 군함이 트로이 성이 보이는 해변에 상륙하자, 트로이군은 그리스군의 배가 보이는 해안에 집결하여 응전태세를 갖추었다. 이때 트로이의 무장 프로테실라오스가 선두에 서서 그리스군의 한 가운데로 진격하였으나, 적장 헥토르에게 어이없이 죽고 말았다.

고국에서 남편의 전사 소식을 전해들은 그의 아내 라오다메이아는, 울부짖으며 신에게 기도했다.

"잠깐이라도 좋으니, 남편 프로테실라오스를 만나게 해주십시오."

라오다메이아가 하도 애절하게 울며 간청하므로, 제우스가 이 기도를 들어주어 헤르메스에게 프로테실라오스의 혼을 저승에서 불러와 출정 전에 라오다메이아가 만든 남편의 동상으로 옮겨가게 하였다.

그러자 프로테실라오스의 상은 정말 살아있는 것처럼 움직여서, 아내와 눈물의 상봉을 하게 되었다. 약속된 시간이 끝나고 프로테실라오스의 혼이 저승으로 돌아가자, 라오다메이아도 스스로 목숨을 끊는다. 둘이 매장된 후, 프로테실라오스의 무덤 근처에서 느릅나무 한 그루가 돋아났다.

그 나무는 크게 자라서 무덤을 덮었으며, 트로이 성벽을 멀리 바라다 볼 수 있을 정도로 자랐다. 그러나 이상하게도 이 나무는 곧 고사하고, 새로운 가지가 뿌리에서 돋아나왔다고 한다.

● 〈라오다메이아〉
죠지 윌리엄 조이

나미 부부의
그리스신화 속 꽃 스토리텔링

PART 03:

님프들의
이야기

그리스신화 속 꽃 스토리텔링

수선화

이루어질 수 없는 사랑

나르키소스는 강의 신 케피소스와 물의 님프 리리오페 사이에서 태어난 아들이다. 그는 어릴 때 예언자 테이레시아스로부터,

"자신의 모습을 보지 않으면, 오래 살 수 있다."

라는 말을 들었다. 나르키소스는 커감에 따라 아름다운 청년으로 변모해 갔다. 누구나 그를 한 번만 보면, 마음이 동할 정도로 아름다운 젊은이였다. 또 그는 대단히 잘난 체하는 자존심이 강한 남자였다. 많은 아가씨들이 구애를 했지만, 그는 누구에게도 마음을 열지 않았다.

헬리콘 산에 사는 에코라는 말하기를 좋아하는 수다쟁이 님프가 있었다. 한번은 에코가 제우스가 바람피우는 현장을 덮치기 위해 숨어있는 헤라 앞에 나타났다. 헤라가 얼른 저쪽으로 가라고 눈치를 주었지만, 에코는 아랑곳하지 않고 조잘대기만 했다. 인기척을 알아차린 제우스는 얼른 자리를 피해, 헤라의 감시로부터 벗어날 수 있었다. 이에 화가 난 헤라는,

"너 때문에 일을 그르쳤다. 지금부터 너는 남이 말하기 전에는 입을 열지

못할 것이다. 그리고 다른 사람이 하는 말의 마지막 부분만 따라하게 될 것이다."

라고 말했다. 이렇게 해서, 에코는 상대의 말끝만 되풀이하는 외에 다른 말은 할 수가 없게 되었다.

어느 날, 나르키소스가 친구들과 함께 산에서 사냥을 하고 있었다. 그를 처음 본 에코는 바로 사랑에 빠지게 되었다. 그래서 그에게 무슨 말이라도 건네 보고 싶었지만, 뜻대로 되지 않았다. 사냥하던 중에 친구들을 잃어버린 나르키소스는,

"이 근처에 누가 있어요?"

라고 외치자, 에코는

"있어요."

라고 응답했다. 나르키소스가 사방을 둘러보았으나, 아무도 발견하지 못했다. 그는 다시,

"누가 있으면 나와요."

라고 말하자, 에코도,

"나와요."

라고 따라했다. 목소리는 들리는데, 아무도 보이지 않았다.

"왜 안와요."

라고 물어도, 같은 말만 반복해서 들릴 뿐이었다.

"같이 가요."

라고 나르키소스가 외쳤다. 이 말을 들은 에코는 기쁜 마음에 그 말을 되풀이하면서, 달려가서 그를 껴안으려고 했다. 그는 깜짝 놀라 뒤로 물러서며 외쳤다.

"떨어져요! 당신이 나를 붙잡는다면, 차라리 죽어버리겠어요."

라고 말했다. 에코 역시,

"죽어버리겠어요."

라고 따라하며 흐느꼈다.

나르키소스에게 버림받은 에코는 너무나 수치스러운 나머지, 숲 속 깊숙한 곳으로 모습을 감추었다. 슬픔으로 인해 그녀의 모습은 점점 야위어갔고, 수척해져서 뼈밖에 남지 않았다. 그러다 뼈마저 가루가 되어 형체 없는 목소리만이, 그녀를 부르는 소리에 답하고 있었다.

나르키소스의 잔인함은 이뿐만이 아니었다. 다른 모든 님프들에게도 쌀쌀맞게 대했다. 어느 날, 그를 짝사랑하던 한 님프가,

"나르키소스가 언젠가 사랑하게 되더라도 사랑이 무엇인지, 또 사랑에 보답 받지 못하는 것이 어떤 것인지 깨닫게 해주세요."

라고 복수의 여신 네메시스에게 기도를 올렸다. 네메시스는 이 님프의 기도를 받아들여,

"그가 다른 사람을 사랑하지 못한다면, 자기 자신을 사랑하게 될 것이다."

라고 말했다. 그리고 샘에 비친 나르키소스 자신의 모습을 보게 해주었다.

헬리콘 산에는 은빛이 나는 맑은 물을 담은 샘이 있었다. 주위에는 신선한 풀이 무성하고, 바위가 햇빛을 가려주는 아늑한 곳이었다. 어느 날, 사냥을 나온 나르키소스는 갈증을 느껴, 목을 축이기 위해 이 샘으로 왔다. 그리고 물을 마시려고 몸을 숙이자, 물속에 비친 자신의 모습이 보였다. 그는 그것이 이 샘에 살고 있는 물의 님프인 줄 알았다. 빛나는 눈동자, 아름다운 머리카락, 붉으스름한 뺨, 상아같이 흰 목, 붉게 빛나는 입술, 거기다 건강미가 넘치는 모습이었다. 나르키소스는 그 모습에 반해 정신없이 바라

보았다. 그리고 키스를 하려고 얼굴을 가까이 가져가자, 그 모습은 사라져 버렸다. 안으려고 두 팔을 물속에 집어넣자, 상대는 곧바로 달아나버렸다. 나르키소스가 몸을 일으키면, 물속에는 다시 그 모습이 비치는 것이 었다.

나르키소스는 도저히 그 곳을 떠날 수가 없었다. 먹는 것도 자는 것도 잊고 언제까지나 샘 주위를 서성이며, 물 위에 비친 사랑하는 사람을 향해 이야기했다.

"당신은 어째서 나를 피하나요? 내가 손을 내밀면 당신도 손을 내밉니다. 내가 당신에게 손짓을 하면, 당신도 나에게 손짓을 합니다. 나는 당신을 사랑하지만 만질 수가 없습니다. 사랑한다는 것이 이렇게 고통스러운 것인지, 이제야 알게 되었습니다."

라고 말하며 눈물을 흘렸다. 그 눈물이 물 위에 떨어질 때마다, 사랑하는 이의 모습이 어른거리다 사라져버렸다. 그는 물속의 상대가 떠나는 것을 보고 외쳤다.

"제발 부탁이니 기다려주오. 당신의 목소리를 듣지 않아도 좋소. 당신의 몸을 만질 수 없어도 좋소, 당신의 모습을 바라볼 수 있게만이라도 해주오."

라고 간청했다.

물에 비친 자신의 모습을 사랑한 나르키소스는 이루어질 수 없는 사랑으로 인해, 몸도 마음도 쇠약해져갔다. 에코를 매료시키던 아름다움은 이제 사라져버렸다. 그러나 에코는 여전히 그의 주위를 맴돌았다. 그가 괴로움의 한숨을 몰아쉬면, 그녀도 그대로 따라했다.

이렇게 혼자서 애를 태우던 나르키소스는 마침내 죽고 말았다. 그의 혼이 저승을 일곱 번 감아 도는 스틱스 강을 건널 때, 수면에 비친 자신의 모습을 만지려 하다가 배에서 떨어지고 말았다.

그가 죽자 에코도 님프들도 슬퍼했다. 그들은 나뭇더미를 준비하고 그를 화장하려 했지만, 어디에서도 그의 시체를 찾을 수 없었다. 다만 그가 배에서 떨어진 강 언덕에 한 송이의 아름다운 꽃이 피었을 뿐이었다. 그때부터 사람들은 이 꽃을 나르키소스수선화라 부르며, 그의 추억을 영원히 간직하게 되었다. 수선화의 꽃말은 '자기 사랑'이다.

■ **나르키소스** Narcissos
자화자찬을 뜻하는 영어 나르시시즘(narcissism)은 나르키소스의 이름에서 유래된 말이다.

● 〈에코와 나르키소스〉
존 윌리엄 워터하우스

세이지

사랑을 성취한 님프

한 연못 주위에서 자라는 참나무에, 세이지라는 아름다운 님프가 살고 있었다. 노랑수선화가 그 연못 주위에 가득 피어, 세이지의 아름다움을 가리려 했다. 하지만 세이지는 그런 것에 질투하지 않고 살아가고 있었다. 연못 속을 들여다보며 자신의 얼굴에 홀려서 정신없이 바라보는 일도 없었으며, 그저 꽃들을 즐기며 조용히 살았다.

한번은 왕이 그 숲 속에 사냥을 하러왔다. 잠시 쉬기 위해 연못 주위를 서성이던 왕은 아름다운 님프를 보게 되었다. 그리고 다소곳한 세이지의 아름다움에 매료되어, 그녀에게 청혼했다. 님프가 인간을 사랑한다는 것은 죽음을 의미하는 것이었다. 그러나 세이지는 왕의 열렬한 사랑 고백에 응하면서 이렇게 말했다.

"이곳에서 나 혼자만의 생활은 그 나름대로 즐겁습니다. 그러나 이제부터는 당신과 둘이서 살아가겠습니다. 나는 당신과 함께 있는 것만으로도 만족합니다. 당신은 나의 사랑을 원했습니다. 그래서 나는 당신에게 기꺼이 이 생명을 바칩니다."

왕은 그녀가 하는 말을 이해하지 못했다. 다만 청혼을 받아들인 것을 기뻐하며, 양팔로 격렬하게 그녀를 끌어안았다. 그러자 그녀는 열정적인 애무를 받으면서 죽어갔다. 왕은 어떻게 해서든지 살려보려고 했지만, 세이지는 덧없이 숨을 거두고 말았다.

그 후, 그곳에는 이때까지 보지 못한 아름다운 꽃이 피어났다. 사람들은 이 꽃을 님프 세이지가 다시 태어난 것이라고 믿고, 세이지라고 불렀다.

님프 Nymph

그리스 신화에 나오는 요정의 총칭으로, 그리스어로는 님페(Nymphe)라 한다. 대표적인 님프로는 나무의 님프 드리아스, 산의 님프 오레이아스, 물의 님프 나이아스, 바다의 님프 네레이스 등이 있다.

◀ **세이지** sage
- 학명 : *Salvia officinalis*
- 원산지 : 남부 유럽
- 꽃말 : 가정의 덕, 존경

03

그리스신화 속 꽃 스토리텔링

데이지

정숙한 님프가 변한 꽃

벨리데스라는 나무의 님프가 있었다. 어느 봄날, 벨리데스는 연인 에페규스와 함께 춤을 추고 있었다. 계절의 신 베르툼누스가 그곳을 지나가다가, 그녀를 보고 한눈에 반해버렸다. 이때부터 베르툼누스는 해만 뜨면 벨리데스가 있는 곳으로 가서, 그녀를 차지하기 위해 온갖 방법을 다 동원했다.

"내가 당신을 차지할 수만 있다면, 내 목숨을 내놓아도 아깝지 않다."

라고 할 정도였다. 그러나 그녀는 에페규스를 사랑하고 있었기 때문에, 베르툼누스의 유혹에 넘어가지 않고 자신을 지켰다. 하지만 집요하게 파고드는 신으로부터 자신을 지킬 수 있는 방법은 없었다. 그래서 벨리데스는 정조의 신 아르테미스에게 도움을 청했다.

"나는 에페규스를 사랑합니다. 어떻게 하면 베르툼누스로부터 벗어날 수 있습니까? 제발 나를 지켜주세요."

라고 기도했다. 아르테미스는 그 기도를 들어주어, 그녀를 데이지로 변하게 해주었다.

이 이야기는 이렇게 전해지기도 한다. 계절의 신 베르툼누스가 너무나 열렬히 벨리데스에게 구애했기 때문에, 그녀는 베르툼누스와 사랑에 빠지게 되었다. 그러나 그녀에게는 에페귀스라는 연인이 있기 때문에, 그를 배신해서는 안된다는 딜레마에 빠지게 되었다. 그래서 벨리데스는 데이지로 모습을 바꾸었다고 한다.

데이지의 학명 벨리스*Bellis*는, 벨리데스의 이름에서 유래된 것이다.

■ 데이지 daisy

데이지라는 꽃 이름은 앵글로 색슨족의 '태양의 눈'을 의미하는 daes eage에서 유래된 것으로, 이 꽃이 해와 함께 피고 밤에는 피지 않는다는 의미를 담고 있다.

봉선화

결백한 님프가 변한 꽃

올림포스 궁전에서 신들의 잔치가 열렸다. 잔칫상에 오른 것은 신들의 음식 암브로시아와 신들의 술 넥타르 그리고 황금사과였다. 이들을 준비하는 님프 중에서 가장 어리고 귀여운 님프가 황금사과를 올리는 일을 담당했다. 그런데 황금사과 하나가 모자랐다. 신들은 열두 명인데, 황금사과는 열한 개뿐이었다. 장난을 좋아하는 한 여신이 귀여운 님프를 놀래주려고 황금사과 하나를 감춘 것이었다. 제우스는 님프를 꾸짖었다.

"몰래 훔쳐 먹지 않아도 달라고 하면 줄 수도 있을텐데, 이런 나쁜 짓을 하다니."

님프가 아무리 아니라고 말해도, 제우스는 믿지 않았다. 님프는 너무 억울해서 자신의 배를 갈라서 확인해달라고 애원했다. 그러자 제우스는,

"내가 널 죽이면서까지 확인하지 못할 것이라는 것을 알면서 그렇게 말하느냐?"

라고 말하며 그녀를 꾸짖었다.

님프는 궁전을 뛰쳐나가 이곳저곳을 돌아다니며, 자신의 결백을 호소했다. 이런 님프를 불쌍하게 여긴 꽃의 여신이 님프를 봉선화로 변신시켜 주었다.

봉선화는 가을에 열매가 익으면, 손을 대기만 해도 '톡'하고 터진다. 그것은 나에게 죄가 없다는 것을 증명하기 위해, 스스로 가슴을 열어 보여주는 것이라고 한다. 그래서 봉선화에는 '나를 건드리지 마세요'라는 꽃말이 생겼다.

◀ **봉선화** garden balsam
- 학명 : *Impatiens balsamina*
- 원산지 : 인도, 동남아시아
- 꽃말 : 나를 건드리지 마세요, 결백

크로커스

가을에 마지막으로 피는 꽃

크로커스는 붓꽃의 일종으로 사프란이라고도 불린다. 꽃은 깔때기 모양이며, 10~11월에 자주색으로 핀다. 왜 크로커스는 이렇게 늦은 가을에 꽃을 피우는 것일까?

어느 늦은 가을, 저녁 무렵이었다. 꽃의 여신 클로리스가 목장 옆의 연못가에 앉아, 지나온 일 년을 회상하고 있었다. 여신은 봄부터 가을까지 자신이 피운 여러 가지 꽃을 떠올리며 추억에 잠겨있었다. 그때 갑자기 초목의 님프들이 나타나서,

"여신이시어! 무성하던 초목이 모두 시들어버려, 양들이 보금자리를 잃고 쓸쓸해하고 있습니다. 이 가을에 마지막 꽃을 찾아 헤매는 양들을 가엾게 여겨, 그들이 쉴 수 있는 보금자리가 될 만한 꽃을 하나 피워주소서."

라고 간청하였다. 하지만 클로리스는,

"이제 꽃을 피우는 일은 끝났다. 더 이상 어떻게 할 수 없다."

라고 거절했다. 하지만 님프들은 몇 번이나 간곡하게 여신에게 간청했다.

그러자 여신은 그들의 소원을 들어주어, 가을의 마지막 꽃을 한 송이 피워
주었다. 이 꽃이 크로커스이다. 이런 연유로 크로커스는 꽃의 계절에 마지
막으로 핀다고 한다.

크로커스 crocus

크로커스는 사프란(saffron)이라고도 하며, 사프란을 의미하는 그리스어 krocus에서 유래된 말
이다.

◀ **크로커스** crocus
- 학명 : *Crocus sativus*
- 원산지 : 유럽 남부, 소아시아
- 꽃말 : 환희, 불행한 사랑

아네모네
서풍을 기다리는 꽃

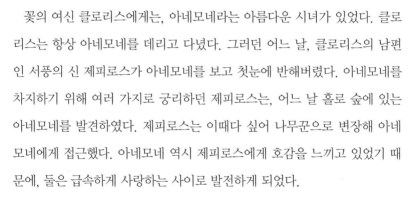

  꽃의 여신 클로리스에게는, 아네모네라는 아름다운 시녀가 있었다. 클로리스는 항상 아네모네를 데리고 다녔다. 그러던 어느 날, 클로리스의 남편인 서풍의 신 제피로스가 아네모네를 보고 첫눈에 반해버렸다. 아네모네를 차지하기 위해 여러 가지로 궁리하던 제피로스는, 어느 날 홀로 숲에 있는 아네모네를 발견하였다. 제피로스는 이때다 싶어 나무꾼으로 변장해 아네모네에게 접근했다. 아네모네 역시 제피로스에게 호감을 느끼고 있었기 때문에, 둘은 급속하게 사랑하는 사이로 발전하게 되었다.

  한편 클로리스는 자주 자리를 비우는 남편을 의심하기 시작했다. 한번은 자리를 비운 아네모네를 찾아 나선 클로리스가, 제피로스와 함께 있는 아네모네를 발견하고 만 것이다. 아네모네는 제피로스가 클로리스의 남편인 것을 몰랐다며, 잘못을 용서해달라고 빌었다. 하지만 배신감과 질투심에 사로잡힌 클로리스는 아네모네를 궁에서 쫓아버렸다.

  아네모네를 찾아 나선 제피로스는 어느 깊은 골짜기에서, 추위와 굶주림에 지쳐 쓰러져 있는 아네모네를 발견했다. 그리고 클로리스의 눈을 피하기 위해, 아네모네를 꽃으로 바꾸어 버렸다. 제피로스는 꽃이 된 아네모네를 떠나지 못하고 그 주위를 맴돌았지만, 아네모네는 아픈 기억으로 인해 고개를 내저었다.

이 꽃은 그녀의 이름을 따서 아네모네라 하며, '바람의 꽃'이라고도 부른다. 아네모네의 꽃말 중에 '기다림'은 상냥한 서풍을 기다린다는 뜻일 것이다.

● 〈클로리스와 제피로스〉
윌리엄 아돌프 부그로

갈대
판의 피리

목양신 판이 가지고 다니는, 갈대피리의 유래에 관한 이야기이다.

아르카디아 지방에 나이스라는 숲의 님프들이 살고 있었다. 나이스 중에서도 가장 아름다운 시링크스라는 이름의 님프가 있었다. 시링크스는 너무나 아름다웠기 때문에 온갖 신들과 님프들의 구애가 있었지만, 아직 결혼을 하고 싶은 생각이 없다며 거절하였다. 그리고 사냥의 여신 아르테미스를 숭배하며, 그녀의 활을 메고 사냥을 따라다니며 나날을 보내고 있었다. 사람들은 시링크스를 아르테미스 여신으로 착각할 정도였다.

그러던 어느 날, 가축을 돌보는 목양신 판이 시링크스를 보고는 한눈에 반해 그녀를 쫓아다니기 시작했다. 판은 헤르메스의 아들로, 상반신은 털투성이의 인간의 모습이고 하반신은 산양의 모습을 하고 있다. 또 머리에는 두 개의 뿔이 나있고 발에는 발굽이 있는, 괴물을 닮은 못생긴 신이었다. 판을 낳은 엄마조차도 판의 외모에 놀라서 달아날 정도였다고 한다.

그는 숲과 들판을 거침없이 달렸으며, 나무가 무성한 곳에서 갑자기 모습을 나타내어 님프나 인간들을 놀래키기도 하는 장난꾸러기 신이었다. 또,

판은 호색한이어서 숲 속의 님프나 여자들을 보면 덮치기를 좋아했다.

이에 비해, 시링크스는 순결과 정절을 상징하는 아르테미스 여신을 추종하는 삶을 살면서, 순결을 목숨보다도 중요시하는 님프였다. 판이 쫓아오자 겁에 질려 도망가던 시링크스는 라돈 강까지 오게 되었다. 이제 더 이상 도망갈 수 없는 상황에 처하게 된 것이다.

급박한 상황에 처한 시링크스는, 강으로 뛰어들면서 그곳에 있는 언니들에게,

"언니들, 나를 좀 도와주세요. 판이 쫓아오고 있어요. 나의 모습을 바꿔주세요."

라고 부탁했다. 강의 님프들은 그녀의 소원을 들어주었다. 판이 강으로 뛰어들어 그녀를 잡는 순간, 그녀의 몸은 갈대로 변해버렸다.

판이 갈대로 변한 그녀를 잡자, 갈대는 '휴~' 하며 탄식하는듯한 가느다란 소리를 냈다. 판은 이 신비한 소리에 감동되어,

"당신을 결코 잊지 않겠소."

라고 말하며, 길이가 다른 여러 개의 갈대를 꺾어 모았다. 그리고 그것을 길이 순으로 정열하고 밀랍으로 붙여서 피리를 만들고, 시링크스라고 이름 붙였다. 이것은 팬 파이프 또는 팬 플루트라고도 하며, 판의 피리 The Pipes of Pan라는 뜻이다.

■ 판 Pan
팬 플루트(pan flute)는 길이가 다르고 속이 빈 여러 개의 원통형 관들을 나란히 연결해서 만든 취주악기로, 판의 이름에서 유래된 것이다.

● 〈판과 시링크스〉
미쉘 도리니

엉겅퀴
다프니스의 죽음

엉겅퀴에는 가시가 있다. 이 이야기는 엉겅퀴에 가시가 생긴 유래에 관한 것이다.

다프니스는 시실리아의 양치기로, 헤르메스와 숲의 님프 사이에 태어난 아들이다. 다프니스라는 이름은 그가 월계수 숲에서 태어났거나, 태어나자 마자 월계수 숲에 버려졌다고 하여 붙여진 것이다. 그는 숲의 님프들에게 많은 사랑을 받으며 자랐다. 아름다운 청년으로 성장한 다프니스는 님프와 인간의 사랑을 독차지하였다.

목양신 판은 그에게 피리 부는 법을 가르쳐주었다. 음악에 빠진 다프니스는 오로지 음악만을 사랑할 뿐, 다른 어떤 여인도 사랑하지 않겠다고 호언 장담하였다. 그런데 이것이 미의 여신 아프로디테를 화나게 만들었다. 아프로디테는 아들 에로스를 시켜 사랑의 화살을 쏘아, 다프니스가 물의 님프 노미아를 열렬히 사랑하게 만들었다. 노미아는 처음에는 다프니스에게 마음을 주지 않았지만, 다프니스가 필사적으로 구애해오자 다른 여자에게 눈을 돌리지 않겠다는 약속을 받아낸 다음, 그의 사랑을 받아들였다. 그러나 시실리아의 왕녀 크세니아가 다프니스를 사랑하여, 그에게 술을 먹인 다음 동침하는 일이 발생한다. 이에 화가 난 노미아는 다프니스를 장님으로 만들어 버렸다.

장님이 된 다프니스는 판에게 배운 피리를 불며 떠돌아다니다가, 아나포스 강에 몸을 던져 죽고 만다. 다프니스가 노미아에 대한 맹세를 저버렸기 때문에, 물의 님프들은 물에 빠진 그를 구해주지 않았다.

많은 사람들뿐 아니라, 신들과 님프들도 그의 죽음을 슬퍼했다. 그가 아끼던 오두견五頭犬도 슬픈 나머지 병이 나서 죽고 말았다. 대지도 슬퍼하여 엉겅퀴를 선물했다. 엉겅퀴에 가시가 있는 것은 그의 죽음에 대한 대지의 슬픔을 표시한 것이라고 한다.

◀ **엉겅퀴** thistle
- **학명** : *Cirsium*
- **원산지** : 지중해 지역
- **꽃말** : 엄격, 고독한 사랑, 근엄

장 미
장미로 변한 님프

왜 파란색 장미꽃은 피지 않는 것일까?

꽃의 여신 클로리스는 사랑하는 님프가 죽었을 때, 올림포스의 신들에게,

"죽은 님프를 꽃의 여왕이라 불리는 아름다운 꽃으로 변하게 해주세요."

라고 간청을 했다. 그 소원이 받아들여져서 님프는 장미꽃으로 변했다.

미의 여신 아프로디테는, 장미꽃에 아름다움을 선물하였다. 서풍의 신 제피로스는 바람을 불어 구름을 날려 보냈으며, 태양신 아폴론은 빛의 축복이 장미꽃에 비치게 하였다. 또, 아름다운 여신 셋이 장미꽃에게 각각 아름다움과 우아함과 기쁨을 주었다. 술의 신 디오니소스는 신의 포도주를 부어 향기를 주었으며, 클로리스는 꽃잎에 각양각색의 색을 입혀주었다. 이렇게 해서 장미꽃은 아름답고 향기가 좋은 꽃으로 다시 태어나게 되었다. 그러나 파란색은 차고 죽음을 암시하기 때문에, 파란 장미꽃은 만들지 않았다고 한다. 그래서 지금까지도 파란색 장미꽃은 피지 않는다.

올리브나무

올리브 열매가 쓴 이유

올리브 열매가 왜 그렇게 쓴 맛이 나는 지에 대한 이야기이다.

메사피아 지방의 어느 무성한 숲 속에 동굴이 하나 있는데, 여기에는 님프가 살고 있었다. 그런데 아프리아에 사는 양치기가 이곳을 찾아와 님프를 협박했기 때문에, 님프는 그곳에서 쫓겨나고 말았다. 님프는 갑작스러운 일로 인해 깜짝 놀랐지만, 상대가 양치기라는 것을 알고 동굴 가까운 곳에서 춤을 추기 시작했다.

이것을 본 양치기는, 님프가 자신이 하찮게 여긴다고 생각하여 화를 내었다. 그리고 야비하고 외설스러운 말과 저속한 욕을 하더니, 님프의 춤을 흉내 내기 시작했다. 한참 동안을 그러더니 갑자기 조용해졌다. 이상하게 생각한 님프가 가까이 가서 보니, 양치기는 올리브나무로 변해 있었다.

야생 올리브 열매는 매우 쓰다. 이것은 양치기의 성격이 올리브 열매로 옮겨간 것이라고 한다. 혹은 그의 독설과 욕설이 열매로 옮겨간 것이라고도 한다.

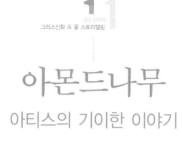

아몬드나무

아티스의 기이한 이야기

제우스가 프리지아를 방문했을 때, 우연히 초원에서 잠을 자다가 풀밭에서 사정을 했다. 그때, 그의 정자에서 남성과 여성의 생식기를 모두 가진 아그디스티스가 태어났다. 신들은 아그디스티스의 괴이한 모습에 놀라, 그의 남근을 잘라 땅에 묻어버렸다. 거세를 당한 여성으로서의 그녀는, 여신 키벨레가 됐다. 그리고 잘라낸 아그디스티스의 남성 생식기에서 아몬드나무가 자라나왔다.

한번은 강의 신 산가리오스의 딸 나나가 그 아몬드나무 밑에 있었다. 그때 그녀는 아몬드 열매를 하나 따서 무릎에 올려놓았는데, 먹으려고 보니까 감쪽같이 사라져버렸다. 그리고 얼마 지나지 않아, 나나는 임신하여 아티스를 낳았지만, 키울 수가 없어서 근처 산에 내다버렸다. 숫염소가 아이를 데려다 키워서, 아티스는 멋진 청년으로 성장하였다.

어느 날, 키벨레가 아티스를 보고 한눈에 반하고 말았다. 아티스도 여신의 총애에 감동하여, 결코 그 사랑을 배신하지 않겠다고 맹세하였다. 하지만 아티스의 양부모는 그를 페시누스 왕의 딸과 결혼시키려 했다.

이에 화가 난 키벨레는, 아티스의 결혼식장에 나타나 그를 미치게 만들어 버렸다. 정신이 나간 그는, 신부가 보는 앞에서 스스로 거세하고 그 상처로 인해 죽고 말았다.

이후 키벨레는 자신의 잔인한 행위를 후회하며, 제우스에게 아티스의 영혼이 소나무에 깃들게 해달라고 기도를 드렸다. 그때 아티스가 흘린 피에서 제비꽃이 피어났다고도 한다.

● 〈아그디스티스와 아티스〉

사과나무
베르툼누스의 끈질긴 구애

포모나는 나무의 님프인 하마드리아데스 중 하나로, 과일나무 키우고 가꾸는 일을 누구보다 잘한다. 언제 어디를 가더라도, 오른손에는 항상 과수를 관리하기 위한 작은 칼을 가지고 다녔다. 그녀는 이 칼로 볼썽사납게 비어져 나온 나뭇가지를 자르고, 어떤 때는 거기에 다른 가지를 접붙여서 맛있는 열매를 맺게 하였다. 또 나무들이 강한 햇볕에 타지는 않을까? 가뭄으로 고통을 받지는 않을까? 항상 노심초사하며, 온 정열을 다 쏟아 관리하였다. 어쨌던 식물 이외에의 다른 어떤 것에도 관심이 없었으며, 눈길조차 주지 않았다. 포모나는 자신의 과수원을 너무나 아낀 나머지, 누가 침입할까봐 늘 자물쇠를 채워두고 인간은 물론 신조차도 그 안에 들어가는 것을 허락하지 않았다.

포모나는 아름다운 님프였기 때문에, 반인반수의 모습을 한 숲의 신 사티로스나 목양신 판도 포모나를 차지하려고 애를 썼지만, 뜻을 이루지 못했다. 그녀에게 연인이나 사랑은 아무런 의미가 없었다. 그러나 계절의 변화를 관장한 신 베르툼누스는 여느 구혼자보다도 그녀를 사랑했다.

어느 날, 한 노파가 포모나의 과수원을 찾아왔다. 노파는 과수원에 들어서자마자,

"듣던 것처럼 아름답습니다. 아가씨!"

라고 하며, 포모나에게 입을 맞추었다. 그리고 옆에 있는 과일이 열린 나무를 올려다보았다. 거기에는 느릅나무 한 그루가 있었는데, 그 느릅나무 가지에는 포도송이가 주렁주렁 열려있었다. 노파는 이렇게 말했다.

"저기에 얽히고 설킨 느릅나무와 포도덩굴을 보세요. 얼마나 멋지나요? 만약 저 느릅나무 한 그루만 있고 풍성한 포도덩굴이 없다면, 우리의 눈을 끌지 못했을 거예요. 또 포도덩굴도 저렇게 느릅나무를 감고 올라가지 않고 땅을 기고 있었다면, 우리가 관심을 가지지 않았을 겁니다. 아가씨도 저 느릅나무와 포도나무 같이 누구와 짝을 지으세요.

트로이 전쟁의 원인이 된 헬레네도, 오디세우스의 아내 페넬로페도, 아가씨만큼 많은 구혼자가 없었어요. 모두들 아가씨를 차지하려고 안달이 나 있답니다. 이 기회에 좋은 사람을 만나 인연을 맺는 것이 좋지 않을까요? 나는 누구보다도 아가씨를 아끼고 사랑합니다. 만약 내가 아가씨의 짝으로 누군가를 추천한다면, 그 상대는 바로 베르툼누스입니다. 나는 그를 잘 알고 있습니다. 그는 젊고 멋진 청년이며, 누구보다 당신을 사랑합니다. 게다가 마음먹은 대로 모습을 바꿀 수 있는 기술을 가지고 있기 때문에, 아가씨가 원하는 것이라면 무엇으로든 모습을 바꿀 수 있어요.

그리고 베르툼누스는 아가씨와 같은 취미를 가지고 있어서, 과수원 일을 잘하며 사과나무를 손질하는 솜씨도 대단하답니다. 하지만 지금까지는 꽃이나 열매에 눈길 한번 주지 않았답니다. 오직 아가씨만을 생각하고 있으니까요. 그런 그가 가엾다고 생각되지 않아요? 너무 매정하게 굴면 신들의 노여움을 살 수 있다는 것을 잊지 마세요.

이 이야기는 꼭 들려주고 싶군요. 이피스라는 가난한 목동이, 귀족 가문의 처녀 아낙사레테를 죽도록 사랑했지요. 그는 온갖 방법을 다 동원해서 그녀의 마음을 사려고 노력했지만, 그녀의 차가운 마음은 무쇠처럼 단단했

으며, 포효하는 파도보다 더 인정머리가 없었지요. 마침내 그는 사랑하는 그녀에게 마지막 작별을 고하고, 그녀의 집 대문에 목을 매어 죽습니다.

이피스의 슬픈 장례 행렬이 그녀의 집 앞을 지나갈 때, 그녀는 호기심에 다락방으로 올라가 내려다보기까지 했지요. 그러자 분노한 미의 여신 아프로디테가 마음이 돌같이 차가운 이 비정한 처녀를 진짜 돌로 만들어버렸죠. 그 석상은 지금도 아프로디테 신전에 남아있답니다. 그러니 아가씨도 이 이야기에 유념하시어, 남의 애틋한 사랑을 무시하지만 말고 귀담아들으세요."

말을 마치자, 노파의 모습은 순식간에 사라지고 거기에는 베르툼누스가 서있었다. 포모나가 보기에 그의 모습은 구름을 젖히고 나온 태양과도 같았다. 포모나는 더 이상 그를 거부하지 않았으며, 둘은 서로 사랑의 불꽃을 태웠음은 말할 필요도 없다.

■ 하마드리아데스 Hamadryades
하마드리아데스는 나무의 님프를 통틀어 일컫는 이름으로, '함께 한다'는 뜻의 하마(hama)와 '나무'를 뜻하는 드리아스(dryas)를 합친 말이다.

● 〈베르툼누스와 포모나〉
프란체스코 멜치

그리스신화 속 꽃 스토리텔링

소나무

숲의 님프 피티스와 판

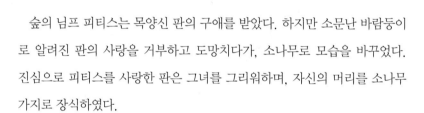

숲의 님프 피티스는 목양신 판의 구애를 받았다. 하지만 소문난 바람둥이로 알려진 판의 사랑을 거부하고 도망치다가, 소나무로 모습을 바꾸었다. 진심으로 피티스를 사랑한 판은 그녀를 그리워하며, 자신의 머리를 소나무 가지로 장식하였다.

다른 이야기에 의하면, 피티스는 판과 동시에 북풍의 신 보레아스에게도 구혼을 받았다. 앞의 이야기와는 달리 피티스가 판을 선택하자, 보레아스는 깊은 상처를 받는다. 어느 날, 피티스가 해변의 바위 위에 서있는데, 보레아스가 바람을 일으켜 피티스를 낭떠러지에서 떨어지게 하였다. 이 현장을 목격한 대지의 여신 가이아가 피티스를 불쌍하게 여겨, 소나무로 변하게 하였다.

소나무가 된 피티스는 겨울에 북풍이 불면 눈물을 흘리는데, 이것이 바로 소나무 송진이라고 한다.

● 〈판과 피티스〉
에드워드 칼버트

나미 부부의
그리스신화 속 꽃 스토리텔링

PART 04:

인간들의 이야기

연 꽃
잔혹한 신들의 작용

드리오프스인의 시조인 드리오프스 왕에게는 드리오페와 이올레라는 두 명의 딸이 있었다. 언니 드리오페는 매일 산에서 양들을 지키고 있었는데, 그곳에서 만난 나무의 님프 하마드리아스들과 사이가 좋아져서 양은 돌보지 않고 야산을 뛰어다니며 놀았다.

어느 날, 태양신 아폴론이 아름다운 드리오페를 보고 한눈에 반해, 그녀를 자신의 아내로 만들려고 생각했다. 아폴론은 거북의 모습으로 변해 드리오페와 님프들이 놀고 있는 곳으로 다가갔다. 님프들은 거북을 보고 좋은 장난감이라 생각하여, 공처럼 던지며 놀기 시작했다. 드리오페가 거북을 받았을 때, 거북은 갑자기 뱀으로 변해 그녀의 몸속으로 들어가 버렸다. 놀란 드리오페는 급히 산에서 내려와서, 그 이후로는 두 번 다시 산에 가지 않았다.

드리오페에게 일어난 일을 아는지 모르는지, 아버지 드리오프스 왕은 그녀를 옥실로스 왕의 아들 안도라이몬에게 시집을 보냈다. 둘은 결혼해서 행복하게 살았으며, 첫 아이 암피소스가 태어났다.

어느 날, 동생 이올레가 언니 드리오페가 있는 곳으로 놀러왔다. 그들은 님프에게 바칠 꽃다발을 만들려고, 어린 암피소스를 데리고 가까운 냇가로 갔다. 그 곳에는 진홍색 연꽃이 아름답게 피어있었다. 드리오페는 그 꽃을 몇 송이 꺾어 아이의 손에 쥐어주었다. 이올레도 꽃을 따려고 가까이 가보니, 언니가 연꽃을 꺾은 곳에서 붉은 피가 흘러나오고 있었다. 사실 그 연꽃은 싫어하는 남자를 피해 달아나다가 변신한 로티스라는 님프였다.

아프로디테와 디오니소스혹은 아레스 사이에서 태어난 프리아포스는 혹투성이의 몸에 거대한 남근을 가진 추한 남자였다. 그는 추한 모습으로 인해, 어머니로부터도 버림받아 양치기에 의해 길러졌으며, 나중에 디오니소스의 시종이 되었다.

프리아포스는 오래 전부터 로티스의 아름다움에 매료되어 그녀를 쫓아다녔다. 어느 날 밤, 로티스는 디오니소스의 친구들과 함께 춤을 추다가 피곤해서 잠이 들었다. 프리아포스는 좋은 기회라 생각하고 로티스에게 접근해서, 그녀에게 덤벼들었다. 그 순간, 그 곳에 있던 산의 님프 실레노스가 데려온 당나귀가 큰 소리를 내어 울었기 때문에 모두 잠에서 깨어났다. 덕분에 로티스는 위험에서 벗어날 수 있었지만, 그 후로 세상일이 싫어져서 신에게 기도하여 연꽃으로 모습을 바꾸었다.

이 연꽃에 관한 사건은 드리오페도 이올레도 알지 못했다. 꺾인 줄기에서 피가 흘러나오는 것을 보고, 그들은 공포에 질려 바로 집으로 돌아오려고 했다. 그러나 이미 때가 늦어서, 드리오페의 발은 땅에 뿌리처럼 붙어서 움직일 수가 없었다. 순식간에 몸은 줄기가 되고, 손은 가지가 되었으며, 잎이 몸 전체를 덮더니 서서히 나무로 변하기 시작했다. 드리오페는 간신히 움직일 수 있는 입으로,

"저는 죄가 없어요. 이런 운명을 받아들여야 할 만한 이유가 없어요. 제 말

이 거짓이라면, 저의 이 잎과 줄기를 잘라서 불 속에 던져도 좋아요. 하지만 모든 것은 신의 뜻입니다.

암피소스를 유모에게 맡기세요. 그리고 가끔씩 아기를 데리고 와서 제 그늘에서 놀게 해주세요. 아기가 자라서 말을 할 수 있게 되면, 저를 어머니라고 부르게 해주세요. 그리고 어떤 풀도 나무도 여신이 모습을 변신한 것일지 모르니, 결코 꺾으면 안된다고 알려주세요.

껍질이 목까지 올라와 전신을 싸고 있으니, 더 이상은 말할 수가 없네요. 모두 안녕."

라는 말을 마치자 생명이 끊어지고 말았다. 그리고 가지에는 한동안 체온이 남아 있었다.

● 〈나무로 변하는 드리오페〉
안토니오 템페스타

그리스신화 속 꽃 스토리텔링

수선화

연못 속에 비친 동생의 모습

　나르키소스라는 젊은이에게는 쌍둥이 동생이 있었다. 둘은 판박이처럼
쏙 빼닮았으며, 게다가 무척 아름다웠다. 형제는 매우 사이가 좋아서 어디
를 가도 함께 가고 무엇을 해도 함께 했기 때문에, 형제라기보다는 연인이
나 부부 같이 보였다. 하지만 동생이 갑자기 병이 나서 죽어 버리자, 그때부
터 형은 혼자서 쓸쓸한 나날을 보내게 되었다.

　어느 날, 나르키소스는 둘이서 자주 거닐던 숲 속으로 가서, 그곳에 있는
연못 주위에서 동생을 생각하며 눈물을 흘리고 있었다. 그런데 우연히 연못
속을 들여다보니, 물 위에 동생의 얼굴이 비쳤다. 너무나 기뻐서 무의식 중
에 물속에 손을 넣었는데, 그 순간 그의 얼굴이 어디론가 사라져버렸다. 물
에서 손을 꺼내자, 또 얼굴이 나타났다. 몇 번인가 되풀이해봤지만, 동생의
얼굴을 만질 수 없었다. 물론 그 얼굴은 나르키소스 자신의 얼굴이었다. 그
러나 그것을 알아차리지 못한 나르키소스는 다음날, 또 그 다음날도 연못에
나와 물에 비친 얼굴을 바라보며,

"어째서 너의 얼굴을 만져볼 수 없는 거야? 왜 너는 나에게 말을 하지 않는 거야?"

라고 한탄하며 슬퍼했다.

이 안타까운 모습을 본 신들이 나르키소스를 불쌍하게 생각했다. 그래서 언제까지나 동생을 바라볼 수 있도록, 흰 꽃잎이 노란 암술을 감싸고 있는 예쁜 꽃으로 모습을 바꿔주었다. 이 꽃이 바로 나르키소스, 즉 수선화이다.

● 〈나르키소스〉
카라바조

오키드
호색한이 변한 꽃

오키드서양란는 매우 아름다운 꽃이다. 그러나 꽃 이름에 관한 유래는 아름다움과는 어울리지 않는 것이다.

사티로스는 상반신은 인간이고, 하반신은 꼬리가 달린 산양의 모습을 하고 있다. 그는 디오니소스의 시종으로 술을 매우 좋아하였으며, 항상 님프들의 꽁무니를 따라다니는 호색한이었다. 이 사티로스와 님프 사이에 태어난 아들이 오르키스이다. 그 역시 아버지를 닮아서 멋대로 행동하며 살아가는 호색한이었다. 한번은 디오니소스 축제에서 만취가 되도록 술을 마시고, 여사제를 범하려고 했다. 그 벌로 마이나데스들이 그를 갈가리 찢어 죽였다.

그의 아버지 사티로스는 디오니소스에게,

"자식을 원래대로 살려서 돌려주세요."

라고 기도했다. 하지만 오르키스가 여사제를 범하려했기 때문에, 그 기도는 받아들여지지 않았다. 그러나 몸이 갈가리 찢어진 것은 도를 지나쳤다고 생각하여, 소원의 일부만 들어주어 오르키스의 고환만 난초로 만들어 주었다.

오키드의 학명 오르키스 *Orchis* 는 그리스어 orchis 고환에서 유래된 말이다. 오르키스는 꽃이 되어서도 원래의 성격이 바뀌지 않은 탓인지, 이 꽃의 뿌리를 먹으면 음란하고 난폭해진다고 한다.

◀ **오키드** orchid
- **학명** : *Orchis*
- **원산지** : 동남아시아, 멕시코, 남아프리카
- **꽃말** : 행운이 찾아온다

튤립
계절의 신 베르툼누스와 튤립

튤립으로 변한 아가씨에 관한 이야기이다.

아주 먼 옛날, 아드리아 해의 한 해변에 튤립이라는 이름의 아가씨가 있었다. 그녀는 눈부시게 아름다웠으며, 성격도 쾌활한 아가씨였다. 어느 봄날, 그녀는 들판에 나와 꽃씨를 뿌렸다. 열심히 일을 한 탓인지 피곤함을 느껴, 가까이 있는 샘 주위에서 쉬고 있었다. 그런데 우연히 그곳을 지나가던 계절의 신 베르툼누스가, 그녀를 보고 한눈에 반해버렸다.

그날부터 베르툼누스는 해가 뜨나 해가 지나 열심히 튤립을 쫓아다녔다. 순수한 마음을 가진 튤립은 그를 무서워하며 피해 다녔다. 그래도 베르툼누스는 포기하지 않고, 열심히 그녀를 쫓아다녔다. 그녀가 할 수 있는 일이라고는, 정조의 여신 아르테미스에게 자신을 지켜달라고 기도하는 것뿐이었다.

"여신이시여 차라리 저를 아름다운 꽃으로 변하게 해주세요."

마침내 그의 손에 붙잡히려는 순간, 아르테미스가 기도를 들어주어, 그녀는 그녀의 이름과 같은 튤립이라는 꽃으로 변했다.

튤립은 16세기에 유럽에 소개된 식물이다. 따라서 그리스 신화에 나오는 튤립이라는 식물은 다른 식물을 뜻한다.

토막상식

● **파르테논 신전**
그리스 아테네 시의 중심 아크로폴리스 언덕에 있는 신전. 아테네인이 아테네의 수호여신 아테나에게 바친 것이다.

◀ **튤립** tulip
• **학명** : *Tulipa gesneriana*
• **원산지** : 남동 유럽, 중앙아시아
• **꽃말** : 사랑의 고백, 매혹, 영원한 애정

세네시오

헬레네의 눈물로 핀 꽃

아프로디테가 인정한 그리스 최고의 미인 헬레네에 관한 이야기이다.

카노포스는 스파르타 남서쪽에 있는 아미클라이라는 도시 출신의 젊고 멋진 선장이었다. 그는 트로이 전쟁이 끝난 후, 헬레네와 그의 남편 메넬라오스를 태우고 귀향길에 올랐다. 배가 이집트 나일 강가에 잠시 정박했을 때, 카노포스는 해안가를 걷다 그만 뱀에 물려 죽고 말았다. 메넬라오스를 비롯하여 모든 사람들이 슬퍼하였지만, 그 중에서도 헬레네의 슬픔은 누구보다도 컸다. 헬레네는 오랫동안 많은 눈물을 흘렸는데, 그때 흘린 눈물에서 세네시오가 나왔다고 한다.

나중에 메넬라오스는 카노포스를 위해 거대한 무덤을 만들어 주었으며, 또 그를 추모하는 뜻에서 그 도시의 이름을 카노포스Canopus라 하였다.

● 그리스 신화와 행성

행 성	그리스 이름	영어 이름
태양	아폴론	선
수성	헤르메스	머큐리
금성	아프로디테	비너스
화성	아레스	마스
목성	제우스	주피터
토성	크로노스	새턴
천왕성	우라노스	우라누스
해왕성	포세이돈	넵툰
명왕성	하데스	플루토

◀ 세네시오 groundsel
· 학명 : *Senecio*
· 원산지 : 서남아프리카
· 꽃말 : 평안

갈대

미다스 왕의 비밀

디오니소스의 스승이자 양부인 실레노스가 행방불명되었다. 그때 농부들이 술에 취해 방황하는 실레노스를 발견하고, 그들의 왕인 미다스에게 데리고 갔다. 미다스는 이 노인이 실레노스임을 알아차리고, 열흘 동안 잔치를 베풀어 그를 환대해 주었다.

이를 감사하게 여긴 디오니소스는 미다스에게 원하는 것은 무엇이든 들어 줄테니, 소원을 말해보라고 했다. 미다스 왕은 욕심이 많은 사람이었다. 그래서 신의 이 제의에 대해,

"내 손에 닿는 것은 무엇이든 '금'으로 변하게 해주십시오."

라고 말했다. 디오니소스는 그의 소원을 들어주었다. 그러나 미다스는 반신반의하면서 정원의 사과를 따보았는데, 사과가 바로 황금사과로 변했다. 마치 헤스페리데스 화원에서 훔쳐온 것이 아닌가 생각될 정도로 반짝이는 금사과가 되었다. 손을 씻으니 물이 금 물방울로 변했다. 미다스 왕은 손에 닿는 것은 무엇이나 금으로 변하는 신기한 능력을 가지게 된 것에 대단히 만족했다. 그러나 곤란한 일이 일어났다. 그가 빵을 먹으려고 하니 빵이, 포

도주를 마시려고 하니 포도주가 금으로 변해버렸다. 곁에 있는 딸에게 손을 뻗으니, 딸마저 황금 동상으로 변해버렸다. 그제서야 자신의 어리석음을 깨닫게 된 미다스 왕은 디오니소스에게 원래의 자기 몸으로 되돌려 달라고 기도를 올렸다. 디오니소스는 다시 그의 소원을 들어주었다.

황금으로 인해 고초를 겪은 미다스 왕은 부와 영화를 멀리하고 전원에 살면서 판의 숭배자가 되었다.

목양의 신이자 숲의 신인 판은 갈대 피리를 발명하였으며, 피리 연주의 명수이기도 하다. 한번은 판이 갈대 피리로, 음악의 신 아폴론과 음악 실력을 겨뤄보겠다고 도전장을 던졌다. 이 시합에서 판이 패배하자, 그의 편을 들던 미다스가 불평을 늘어놓았다. 이에 화가 난 아폴론이 그의 귀를 당나귀 귀로 만들어버렸다. 미다스 왕은 이 사실을 감추기 위해 보라색 모자를 쓰고 다녔다. 그러나 유일하게 이 사실을 알고 있는 이발사에게 입단속을 시켰지만, 도저히 참을 수 없던 이발사가 들판에 구덩이를 파고 비밀을 누설해버렸다. 그런데 그 후, 그 자리에서 자란 갈대가 바람만 불면,

"임금님 귀는 당나귀 귀"

라고 외쳤다.

이 이야기는 로마의 시인 오비디우스Ovidius의 《변신 이야기》에 나오지만, 흥미롭게도 《삼국유사》에 신라 경문왕에 관한 유사한 이야기가 전해진다. 여기에는 갈대 대신 대나무가 나온다.

■ 미다스 Midas

미다스의 손(Midas touch)은 손대는 일마다 큰 성공을 거둬서 엄청난 재정적 이익을 내는 능력자를 일컫는 말로, 미다스에서 유래된 것이다.

● 〈갈대 피리를 부는 판〉
월터 크레인

은매화
공포의 신탁

펠로폰네소스 반도에 있는 엘리스 지역 파사의 왕인 오이노마오스에게는 히포다메이아라는 딸이 있었다. 그녀는 미모의 처녀여서, 청년들이 앞다투어 그녀에게 청혼을 해왔다. 하지만 아버지 오이노마오스는 딸을 결혼시킬 마음이 없었다. 그것은,

"딸과 결혼한 남자에게 죽게 될 것이다."

라는 무서운 신탁을 받았기 때문이다. 그러나 그는 딸을 너무나 사랑하기 때문에 딸을 결혼시키기로 하고, 자신과 전차 경주를 해서 승리한 자에게 딸을 주겠다는 조건을 걸었다. 물론 경주에서 지면 죽임을 당해야 했다. 오이노마오스에게는 아버지 아레스로부터 받은 갑옷과 불사의 말들이 이끄는 전차가 있었다. 그래서 많은 구혼자들이 그를 이기지 못하고 무참하게 살해당했다. 오이노마오스는 이들의 목을 베어 궁궐의 문 앞에 걸어두어, 새로 찾아오는 구혼자들을 두려움에 떨게 만들었다.

그런데 탄타로스의 아들 펠롭스가 나타나자, 히포다메이아는 그의 수려한 용모에 반해 그가 전차 경주에서 아버지를 이겨 자신을 데려가 주기를

원했다. 그래서 그녀는 아버지의 마부 미르틸로스를 시켜서, 아버지가 탈 전차 바퀴의 쐐기를 밀랍으로 바꿔 놓으라고 부탁했다. 그렇게 해주면, 나라의 반을 주겠다고 약속했다.

다음날 전차 경주에서 바퀴가 떨어져 나가는 바람에, 오이노마오스는 전복된 전차에 깔려 죽고 말았다. 하지만 그는 죽기 전에 미리 이 음모를 알아차리고, 미르틸로스가 펠롭스의 손에 죽도록 주문을 걸어두었다.

이후에 펠롭스와 히포다메이아가 미르틸로스를 데리고 여행을 간 적이 있었다. 도중에 히포다메이아가,

"여보 목이 마르니, 물 좀 가져다 주세요."

라고 말하자, 펠롭스가 물을 구하려 나갔다. 펠롭스가 없는 틈을 타서 미르틸로스가 히포다메이아를 겁탈하려 하다가 발각되었다. 화가 난 펠롭스가 미르틸로스를 바다에 던져버렸다. 바다도 이 악당을 받아들이지 않고, 다시 언덕으로 밀어냈다. 그러나 한편으로는 그를 가엽다고 여겨 은매화로 변하게 해주었다.

◀ **은매화** myrtle
- **학명** : *Myrtus communis*
- **원산지** : 지중해 연안
- **꽃말** : 사랑의 속삭임, 사랑

● 〈펠롭스와 히포다메이아〉

대회향

불을 훔친 남자 프로메테우스

    프로메테우스 덕분에, 인간이 불을 가지게 되었다는 것은 누구나 잘 알고 있다. 그때 큰 역할을 한 것이 대회향이다.

    프로메테우스는 티탄 족이며, 이들은 인류가 창조되기 전부터 지상에 살고 있었다. 프로메테우스라는 이름은 '먼저 생각하는 자'란 뜻이다. 그의 동생 에피메테우스는 여러 동물들을 창조하고, 이들에게 살아갈 수 있는 능력을 부여하였다. 그리고 마지막으로 인간에게 무언가 특별한 것을 주어야 할 차례가 되었다. 만물의 으뜸이라 할 수 있는 인간에게 무엇인가 주긴 주어야 할 텐데, 그의 수중에는 아무것도 남아 있지 않았다. 그래서 형 프로메테우스와 상의를 한 결과, 인간에게는 불을 주기로 했다.

    그리고 프로메테우스는 곧바로 하늘로 올라가서, 태양신의 태양마차에서 불을 가져다 인간에게 주었다. 프로메테우스는 대회향의 줄기를 건조시키면, 불이 잘 붙는다는 것을 알고 있었다. 그래서 그것을 불쏘시개로 해서, 태양마차에서 불을 붙여 지상으로 가져왔다. 불을 훔친 곳은 앞서 말한 것처럼 아폴론의 태양마차라고 하지만, 제우스 신전의 화소, 또는 대장장이의 신 헤파이스토스의 작업장이라는 설도 있다.

인간은 불을 이용하여 무기를 만들어 사냥하고, 연장을 만들어 땅을 갈아 곡식을 수확하였으며, 추위로부터 몸을 보호할 수 있었다. 이것은 모두 인간에게 불을 가져다준 프로메테우스 덕분이었다. 하여튼 그 덕에, 인간은 다른 동물들이 감히 넘보지 못하는 존재가 되었다.

죽을 수밖에 없는 인간에게 불을 줄 수 없다는 것이 제우스의 생각이었는데, 프로메테우스가 그 금기를 깨트리고 인간에게 불을 가져다준 것이다. 이로 인해, 그는 신과 인간의 통치자인 제우스의 노여움을 사게 되었다.

제우스는 프로메테우스를 코카서스 산 정상의 바위에 쇠사슬로 묶어 두고, 산꼭대기에 있는 독수리가 그의 간을 쪼아 먹게 하였다. 그러나 간은 독수리가 파먹을 때마다 새로 돋아났다. 그가 이 고통에서 해방된 것은, 헤라클레스가 그를 구출해 준 구만 년 후의 일이다.

▣ 프로메테우스 Prometheus**와 에피메테우스** Epimetheus
형 프로메테우스는 '먼저 생각하는 자', 동생 에피메테우스는 '나중에 생각하는 자'라는 뜻이다. 이 두 단어의 접두어에서, 머리말을 뜻하는 프롤로그(prologue)와 끝말을 뜻하는 에필로그(epilogue)라는 말이 생겼다.

◀ **대회향** star anise
• 학명 : *Illicium verum*
• 원산지 : 지중해 연안, 이집트, 시리아
• 꽃말 : 일편단심

❶ 〈불을 훔치는 프로메테우스〉
페테르 파울 루벤스

미모사

판에게 희생된 님프

그리스 아르카디아 지방에 케히사라는 아름다운 님프가 살고 있었다. 목양신 판이 그녀를 보고 한눈에 반해서, 미친 듯이 쫓아다녔다. 그러나 그녀는 그의 지나친 열정이 두려워서, 그에게서 달아나기 시작했다.

집요하게 따라붙는 판이 한 발만 더 다가가면 그녀가 잡을 수 있다고 생각했을 때, 케히사는 정조의 여신 아르테미스에게 도움을 요청하는 기도를 올렸다. 이 기도가 받아들여져서, 그녀는 미모사로 모습을 바꾸었다.

미모사는 매우 감수성이 강해서, 죄를 범한 자가 곁을 지나가기만 해도 자신에게 닿아서 몸이 더럽혀질까 봐 잎을 닫는다고 한다.

■ **판** Pan

판은 아무 앞에나 갑자기 나타나 두려움을 주기도 한다. 그래서 공포를 뜻하는 패닉(panic)은 그의 이름에서 유래된 것이다.

● **델포이의 아폴론 신전**
델포이는 파르나소스 산 정상에 위치하며, 아폴
론의 신탁소가 있던 곳으로 유명하다.

◀ **미모사** mimosa
- **학명** : *Mimosa pudica*
- **원산지** : 브라질
- **꽃말** : 수줍음, 부끄러움, 예민한 마음

겨우살이
불가사의한 재생의 나무

겨우살이는 땅에 뿌리를 내리지 않으며, 겨울에도 잎이 지지 않는 식물이다. 그래서 사람들은 예로부터 불가사의한 힘을 가지고 있다고 믿었다.

글라우코스는 크레타 섬의 왕 미노스의 아들이다. 그가 어릴 때, 혼자서 정원에서 팽이를 돌리며 놀다가, 발이 미끄러져서 정원에 묻어둔 꿀단지에 빠지고 말았다. 행방불명된 그를, 집안사람들이 여기저기 찾아보았으나, 어디에서도 발견할 수 없었다. 애가 탄 미노스 왕은 아들이 있는 곳에 대해 신탁을 구했다. 그러자 곧 신기한 동물이 태어날 것인데, 그 동물을 가장 적절한 비유로 설명할 수 있는 자가 아들을 찾아줄 것이라는 신탁이 내려졌다.

그리고 얼마 뒤, 송아지 한 마리가 태어났는데, 송아지의 색이 하루 사이에 흰색에서 빨간색으로, 그리고 다시 검은색으로 바뀌는 것이었다. 미노스 왕은, 마침 그때 크레타 섬을 들른 아르고스의 예언자 폴리에이도스에게 물었다. 그는,

"송아지의 색깔이 변하는 것은, 뽕나무 열매가 처음에는 흰색이지만 차츰 붉어지다가 다 익으면 검은색으로 변하는 것과 같습니다."

라고 대답했다. 그리고 정원의 꿀단지 속에 글라우코스가 있다고 했다. 미노스 왕은 신탁이 말하는 사람이 폴리에이도스임을 깨닫고, 그에게 죽은 자식을 살려서 데려오라는 명령을 내렸다. 그래서 그는 죽은 글라우코스와 함께 창고 속에 갇히고 말았다.

폴리에이도스가 창고 속에 갇혀 어찌할 바를 모르고 있을 때, 뱀 한 마리가 나타나서 그에게 덤벼들었다. 당황한 그가 뱀을 죽여 버리자, 또 한 마리가 나타나서 동료가 죽어있는 것을 보고, 어디론가 사라져버렸다. 그리고 한참 있다가 풀을 물고 와서, 죽은 뱀의 몸에 문지르기 시작했다. 그러자 죽었던 뱀이 다시 살아나더니, 두 마리의 뱀은 어디론가 사라졌다.

이를 신기하게 여긴 폴리에이도스가 얼른 그 풀로 글라우코스의 몸을 문지르자, 글라우코스가 다시 살아났다. 그래서 그를 살려서 돌아올 수 있었다.

이 풀이 무엇인지에 대해서는 여러 가지 이론이 있다. 스노드롭 혹은 인동덩굴이라는 사람도 있지만, 그리스 사람들은 겨우살이에 깊은 신앙심을 가지고 있기 때문에 겨우살이라는 설이 가장 유력하다.

◀ **겨우살이** mistletoe
- 학명 : *Viscum album*
- 원산지 : 한국, 중국, 유럽, 아프리카
- 꽃말 : 강한 인내심

<〈폴리에이도스와 글라우코스〉

포도나무

이카리오스와 그의 딸 에리고네

술의 신 디오니소스는 포도와 깊은 관련이 있는 신으로, 여러 나라를 돌아다니며 포도나무를 재배하고 포도주 만드는 방법을 인간에게 널리 전파하였다.

이카리아는 아테네의 파르테논 신전이 있는 펜테리콘 산 북쪽에 위치한 마을이다. 이곳의 토착 농민인 이카리오스는 일찍부터 디오니소스 신앙을 받아들였으며, 또한 깊은 신앙심을 가지고 있었다. 이를 기뻐한 디오니소스는 그에게 포도나무를 주고, 포도주 만드는 방법을 가르쳐 주었다. 그 술은 이때까지 마셔본 적이 없을 정도로 달고 맛있는 것이었다. 이카리오스는 디오니소스로부터 받은 선물을 다른 사람들에게 나누어 주는 것이 자신의 임무라고 생각하고, 마을 사람들에게 포도주를 마시게 했다.

당시 그리스에는 술과 물을 반반씩 섞어서 마시는 것이 관습이었다. 그러나 마을 사람들은 이카리오스에게 받은 술에 물을 타지 않고 그대로 마셨다. 그 술은 달고 입에 잘 맞았기 때문에, 사람들은 벌컥벌컥 술을 마시고 취해 흐느적흐느적 거렸다. 그리고 술에 취한 사람들은 이카리오스가 술에 독을 넣었다고 생각하여, 그를 죽여 나무 아래 묻어버렸다.

한편 술 부대를 가지고 나간 아버지가 돌아오지 않자, 그의 딸 에리고네는 아버지를 찾아 이곳저곳을 떠돌아다녔다. 그러나 누구도 아버지의 행방에 대해 말해주지 않았다. 그녀에게는 충견 마이라가 있었는데, 이 개는 그녀를 보호해줄 뿐 아니라 길안내도 해주었다. 에리고네는 오랫동안 아버지를 찾아 돌아다니다 보니, 그야말로 거지같은 모습이 되었다.

어느 날 에리고네는 이카리오스가 살해되어 묻힌 나무를 지나가게 되었다. 그때 마이라가 요란하게 짖어서, 아버지가 묻힌 장소를 발견할 수 있었다. 아버지의 시신을 확인한 에리고네는 슬픔을 이기지 못하고 목을 매어 자살하고 만다. 그리고 주인을 잃은 마이라도 절벽에서 뛰어내려 죽는다.

이 이야기를 전해들은 디오니소스는, 이들 셋을 모두 하늘로 데려가 별자리로 만들어 주었다. 아버지 이카리오스는 목동자리 Bootes가 되었고, 딸 에리고네는 처녀자리 Virgo, 충견 마이라는 큰개자리 Canis Major가 되었다.

그리고 크게 화가 난 디오니소스는 벌로 아테네 사람들을 발광시켜 서로 죽이도록 하였다. 또 역병을 내려 아테네를 죽음의 도가니로 만들었다. 얼마가지 않아, 아테네 사람들은 이러한 일들이 디오니소스에 의해 일어난다는 것을 아폴론의 신탁에 의해 알게 되었다. 그리고 그때부터 디오니소스를 신앙하는 축제를 개최하기 시작하였다. 이 축제에서 이카리오스와 에리고네 모양의 인형을 나뭇가지에 매달아, 이들 부녀의 사후 명복을 빌어주었다.

● 〈에리고네〉
카를 반 로오

포도나무

디오니소스의 방랑

디오니소스는 제우스와 테베 왕의 딸 세멜레 사이에 태어난 자식이다. 질투의 화신 헤라는 세멜레가 제우스의 아들을 임신한 것을 알고 복수를 계획했다. 그리고 늙은 유모로 변장하고 세멜레에게 접근하여, 그녀와 제우스의 사랑이야기를 들었다. 헤라는 온통 제우스에게 정신이 팔려있는 세멜레에게, 제우스의 진짜 모습을 본 적이 있는가 하고 물었다. 그리고 의심에 찬 눈초리로 지금 만나는 제우스가 가짜일지도 모르니까 확인해 보라고 했다.

그날 밤, 세멜레는 제우스에게 자신의 부탁 하나를 들어달라고 말했다. 제우스가 고개를 끄덕이자, 세멜레는 제우스의 본래 모습을 보여 달라고 부탁했다. 이에 제우스는 정색을 하고 만류했지만, 그녀는 빨리 약속을 지키라고 다그쳤다. 제우스는 어쩔 수 없이 신의 모습으로 그녀 앞에 나타났다. 그러자 그녀는 신의 몸에서 뿜어져 나오는 광채를 감내하지 못하고, 곧장 불에 타 재로 변해버렸다.

그러나 다행하게도 세멜레의 뱃속에 있던 제우스의 아이는 무사했다. 제우스는 그 아이를 꺼내서, 자신의 허벅지에 넣고 꿰매어 달이 차기를 기다렸다. 이렇게 해서 태어난 디오니소스를, 헤라의 눈을 피해 세멜레의 자매인 이노에게 맡겨서 키우게 했다. 이노가 헤라의 노여움을 사서 죽은 후에는, 님프 니사가 그를 키웠다.

성장한 후에 헤라로부터 하늘에서 추방당한 디오니소스는, 지상의 여러 나라를 떠돌며 인간들에게 포도나무를 전해주고 재배방법을 알려주었다. 포도 재배가 인간 사이에 널리 퍼짐에 따라 그에 대한 신앙도 퍼져갔다.

디오니소스는 에게 해 동쪽에 있는 이카리아 섬에서, 고향 낙소스로 돌아가려고 배를 찾고 있었다. 그는 값비싼 보라색 옷을 입고, 검은 머리카락을 휘날리는 젊은 청년의 모습을 하고 있었다. 마침 그곳을 지나던 해적선 선장이 그의 모습을 보고 귀족이나 대지주의 자식으로 생각하여, 몸값을 챙기려고 그를 속여서 배에 태웠다.

배가 출발하자, 배 안에서는 연이어 이상한 일이 일어나기 시작했다. 그 청년을 묶으려고 해도 밧줄이 저절로 풀리고, 발에 족쇄를 채우려고 해도 풀려버리는 것이었다. 이러는 사이에도, 그 청년은 아무 말 없이 미소만 짓고 있을 뿐이었다. 그것을 본 아코이테스라는 독실한 키잡이가,

"이 분은 인간이 아니다. 필시 신일 것이다. 아폴론이나 포세이돈일지도 모른다. 만약 제우스라면 큰일이다. 배를 언덕에 대고, 이 분을 모셔야 한다. 신께서 노여워하여 폭풍이라도 일으킨다면, 이 배는 바로 침몰해버릴 것이다."

라고 말하였지만, 선장을 비롯한 다른 사람들은 아무도 그의 말에 귀를 기울이지 않았다. 먼 바다로 나오자, 이상한 일은 계속되었다. 무거운 열매가 열린 담쟁이덩굴이 노와 돛에 달라붙었으며, 포도덩굴이 돛대 위로 뻗어오르고 뱃전에 엉겼다. 어디선가 피리 소리가 들리고 향기로운 포도주 향이 사방으로 퍼지더니, 갑판에 피같이 붉은 포도주가 흘러나왔다. 해적들이

두려움에 떨며 배를 육지에 대려고 했지만 배가 움직이지 않았고, 배의 밧줄은 뱀처럼 변해 그들의 발을 감았다.

이때 비로소, 디오니소스가 포도나무 잎으로 만든 관을 쓰고, 손에는 담쟁이가 엉킨 창을 든 모습으로 나타났다. 그의 발아래에는 호랑이 · 살쾡이 · 표범 등이 웅크리고 있었다. 해적들은 그것을 보고 공포에 떨며 바다로 뛰어들었지만, 이상하게도 그들은 모두 돌고래로 변해버렸다. 그날 이후로 돌고래는 인간과 친하게 되었는데, 그것은 그들이 한때는 인간이었기 때문이다.

그리고 키잡이 아코이테스만은 살아남을 수 있었다. 그는 배에 남아 불안에 떨고 있었는데, 디오니소스가 와서,

"무서워할 것 없다. 나는 디오니소스다. 낙소스로 가자."

라고 말했다. 이렇게 해서, 디오니소스는 낙소스에 무사히 도착할 수 있었다.

◀ **포도나무** grape vine
• 학명 : *Vitis vinifera*
• 원산지 : 동부 및 서부 아시아, 북아메리카
• 꽃말 : 기쁨, 박애, 자선, 도취, 망각

● 〈디오니소스〉
카라바조

사과나무
히포메네스와 아탈란테의 경주

    그리스 신화 속에는 황금사과가 많이 등장한다. 이 황금사과는 제우스가 헤라와 결혼할 때, 대지의 여신 가이아가 그들에게 선물한 것이다.

    아탈란테는 아르카디아의 왕자 이아소스와 미니아스의 딸 클리메네 사이에 태어난 여자아이다. 이아소스는 이전부터 남자아이를 원한다고 기도를 올렸으나, 여자아이가 태어나자 아이를 바로 산에 갖다 버렸다. 산에 버려진 아탈란테는 곰의 젖을 먹고 자랐으며, 그 후에는 사냥꾼에게 발견되어 어릴 때부터 사냥을 배웠다. 사냥을 좋아하는 그녀는 남자처럼 무장하고 다녔다. 그리고 '결혼을 하면 몸을 망친다'는 신탁을 받았기 때문에, 남자와의 교제는 피하고 혼자서 사냥에만 열중했다. 그러나 그녀는 매우 아름다웠으므로, 많은 청년들이 구혼을 해왔다. 그녀는 구혼자들에게,

> "나와 결혼하기를 원한다면, 나와 경주를 해야 한다. 만약 내가 지면 당신과 결혼하겠지만, 내가 이긴다면 당신은 벌로 죽게 될 것이다."

라고 말했다. 그래도 구혼자가 끊이지 않았다.

경주의 심판은 히포메네스였는데, 그는

"고작 장가 들기 위해서, 이렇게 무모한 짓을 하는 자가 있단 말인가?"

라고 말했지만, 정작 아탈란테를 보고는 이 모험이 가치가 있다는 생각하게 되었다. 그 정도로 아탈란테는 아름다웠다. 마침내 히포메네스 자신도 이 경주에 참가해야겠다고 생각했다.

그런데 아탈란테가 그를 보고는,

"이처럼 젊고 아름다운 청년이 죽어야 한다니, 너무나 가슴 아픈 일이다. 내가 불쌍하게 여기는 것은 당신의 아름다움이라기보다는 젊음이다. 나는 당신이 이 경주를 포기하기를 원한다. 꼭 해야 한다면, 나를 이겨주기를 바란다."

라고 말했다. 한편 히포메네스는 아프로디테에게,

"아프로디테여! 저를 도와주십시오. 저에게 힘을 주십시오."

라고 기도했다. 아프로디테는 그의 기도를 받아들여, 키프로스 섬에 있는 신전의 화원에서 황금사과 세 개를 따서 그에게 건네주었다. 그리고,

"경주하는 동안에 이것을 하나씩 던져라."

라고 사용법까지 알려주었다.

많은 사람들이 지켜보는 가운데, 두 사람의 경주가 시작되었다. 강과 들판을 내달리는 둘은 그야말로 공중을 나는 것 같았다. 한참을 달렸으나 결승점은 아직 저 멀리에 있고, 아탈란테는 저만치 앞서 달리고 있었다. 그때 그는 황금사과 하나를 던졌다. 아탈란테는 깜짝 놀라며 그것을 주우려고 발을 멈췄다. 그 사이에 그가 그녀를 추월하자, 구경꾼들은 환호성을 질렀다. 그러나 아탈란테는 다시 기세를 올려, 바로 히포메네스를 따라잡았다. 그

는 두 번째 황금사과를 던졌다. 그녀는 또 멈춰 서서 그것을 주었으며, 그 사이에 또 히포메네스가 그녀를 추월했다. 그러나 얼마안가 다시 아탈란테가 앞서 나가기 시작했다. 거의 결승점 근처까지 왔을 때, 히포메네스는,

"아프로디테여! 당신의 선물에 영광을!"

이라고 외치며, 마지막 황금사과를 멀리 던졌다. 그것을 본 아탈란테는 주저했다. 그러나 아프로디테가, 그녀가 몸을 돌려 그것을 줍도록 유도했다. 그 사이에 히포메네스는 그녀를 추월하여 결승점을 통과하였다. 이렇게 해서 아탈란테는 경주에 졌으며, 히포메네스는 그녀와 결혼하게 되었다.

두 젊은이는 경주하기 전부터 서로 미워하는 사이가 아니었으므로, 결혼한 후에도 행복한 나날을 보냈다. 그러나 너무 행복해서였는지 모르지만, 그들을 결혼하게 해준 아프로디테에게 보답하는 것을 잊고 있었다. 그래서 아프로디테는 그들의 배은망덕함에 노하여, 그들이 레아에게 무례함을 범하게 만들었다.

이 무서운 여신을 모욕하면, 누구도 후환을 면할 수 없었다. 화가 난 레아는 둘의 모습을 빼앗아버리고, 그들과 비슷한 성격을 가진 야수로 변신시켰다. 여자이면서 사냥을 좋아하는 아탈란테는 많은 구혼자를 죽였으므로 암사자로, 히포메네스는 수사자로 변하게 하였다. 그리고 이 두 마리의 사자에게, 자신의 마차를 끌게 하였다.

레아를 표현한 조각이나 그림 속에 사자가 많이 등장하는 것도 이런 연유에서이다.

● 〈히포메네스와 아탈란테의 경주〉
귀도 레니

몰약나무
아도니스의 탄생

아도니스의 어머니 스미르나는 키프로스 섬의 왕 키니라스와 왕비 켄크레이스 사이에서 태어났다. 왕과 왕비는 어려서부터 빼어나게 아름다운 스미르나를 자랑스러워하며 사랑했다. 그런데 부모의 자식 사랑이 도를 넘어, 그만 화를 불러오게 된다. 켄크레이스 왕비가,

"아프로디테가 아름답다고 하지만, 우리 딸에 견줄 수 있으랴."

라고 말한 것이다. 이 사실이 알려지자, 화가 난 아프로디테는 아들 에로스를 불러서,

"저 스미르나에게 화살을 쏘아, 상대가 누구든 처음 보는 남자와 사랑에 빠지게 만들어라."

라고 시켰다. 그런데 스미르나가 에로스의 화살을 맞고 사랑에 빠진 것은, 바로 자기 아버지 키니라스였다. 스미르나는 금지된 사랑에 애를 태우며 절망하였지만, 한편으로는 간절히 아버지와의 사랑을 원했다.

한편 그녀는 매우 아름다운 공주였으므로, 사방에서 구혼자가 몰려왔지

만 아버지를 연모하는 마음에 모두 거절하였다. 몹시 괴로워하던 공주는 급기야 죽기로 작정하고 목을 매는데, 마침 유모가 그것을 보고 만류하며 그녀에게 이유를 캐물었다. 그녀는 처음에는 대답을 안했지만, 어려서부터 젖을 먹여 키워준 유모가 끈질기게 묻는 바람에 결국 사실을 말했다.

이 사실을 알게 된 유모는 스미르나의 금지된 사랑이 죽음에 닿아 있음을 알고, 그녀를 도와주겠다고 약속했다. 어느 날, 왕이 거나하게 취했을 때, 유모가 다가가서,

"임금님을 무척 사랑하는 아름다운 처녀가 있습니다. 허락하신다면 하룻밤을 함께 하시면 어떨지요?"

라고 말하고, 스미르나를 그의 침실에 넣어 주었다. 이렇게 해서 아버지와 잠자리를 가진 스미르나는 다음 날도, 또 그 다음 날도 계속 아버지의 품에 안겼다. 그러던 중, 어둠 속에 찾아드는 자신의 애인을 보고 싶었던 왕이 등불을 밝히자, 모든 것이 드러나고 말았다. 키니라스는 너무 놀라서 벽에 걸린 칼을 뽑아들고, 자신의 딸 스미르나를 죽이려고 덤벼들었다.

스미르나는 재빨리 도망쳐 나와 목숨을 건졌지만, 임신한 몸을 이끌고 이곳저곳을 떠돌아다녀야 했다. 너무나 지친 그녀는 신에게 기도했다.

"신이시여! 저는 벌 받을 짓을 했으므로, 그 벌을 달게 받겠습니다. 그러나 제가 살아남아서 산자와 죽은 자를 욕되게 하지 않도록 변하게 하시되, 살아있지도 죽어있지도 않게 해주소서!"

기도를 마치자, 그녀의 몸이 변하기 시작했다. 뼈는 단단한 나무줄기가 되고, 피는 나무수액이 되고, 팔과 손가락은 크고 작은 가지로 변했다. 그리고 몸 전체가 나무껍질로 덮이기 시작하더니, 마침내 몰약나무로 변했다.

그녀는 자신의 몸을 잃으면서 감정도 없어져버렸으나, 나무에서는 뜨거운 눈물이 흘러나와 땅에 떨어졌다. 방울져 떨어진 눈물은 몰약으로 변했으

며, 이후 몰약은 그녀의 이름을 따서 미르라myrrha라고 불렀다 스미르나의 라 틴어 이름이 미르라이다.

한편 그녀의 뱃속에 들어있던 아기는 나무 안에서 계속 자랐다. 나무로 변한 스미르나는 진통이 왔으며, 그 고통은 이루 말로 표현할 수 없을 정도 였다. 이를 가엽게 여긴 해산의 여신 에일레이티아가 주문을 외자, 나무가 갈라지면서 그 벌어진 틈 사이로 사내아이가 태어났다. 이 아기가 바로 아 름다운 용모를 가진 아도니스이다.

■ 스미르나 Smyrna
터키에서 세 번째로 큰 도시 이즈미르(Izmir)는 '미르의 도시'라는 뜻이다. 예전에는 이 도시를 스미르나라고 불렀다.

◁ **몰약나무** myrrh
• 학명 : *Commiphora myrrha*
• 원산지 : 아라비아 반도, 북아프리카
• 꽃말 : 진실

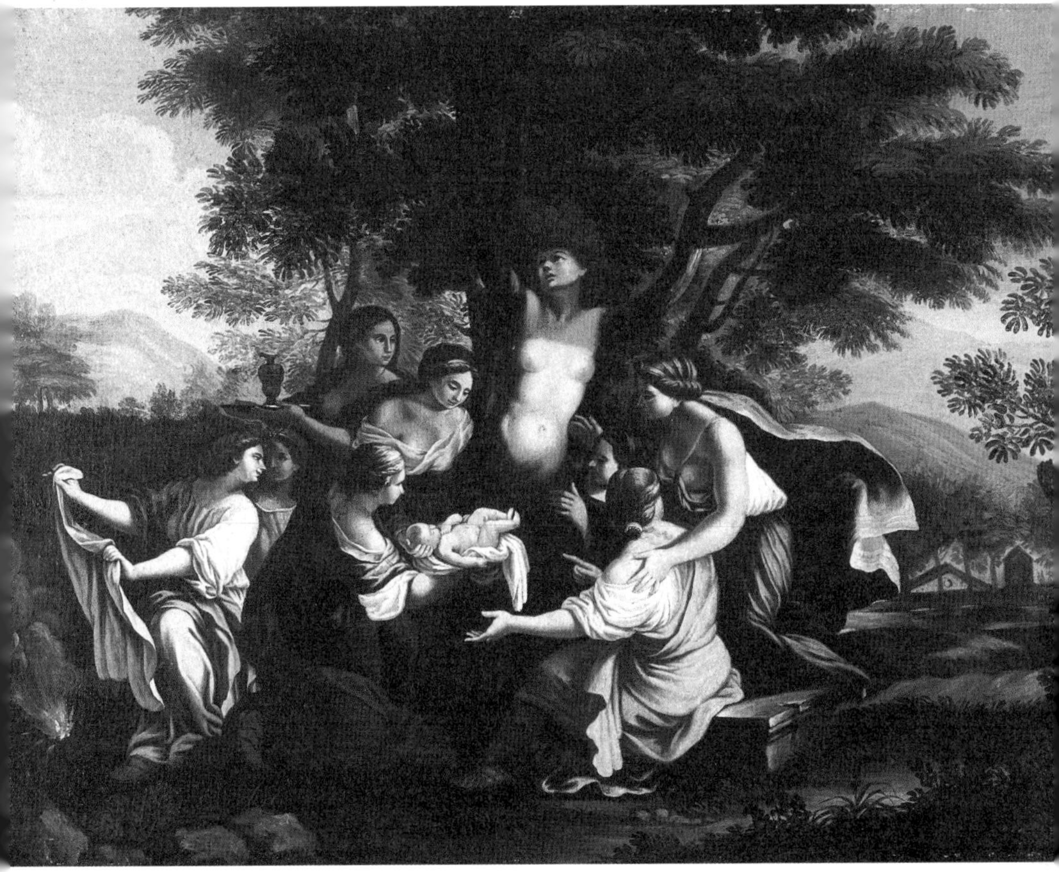

〈아도니스의 탄생〉
루이지 가르지

장미
로단테와 세 명의 구혼자

　아주 먼 옛날, 그리스 코린토스에 로단테라는 아가씨가 있었다. 이 아가씨는 아주 현명할 뿐 아니라, 자신에 대한 긍지도 대단히 높았다.

　당시 그리스에는 몇 명의 구혼자가 모여서, 구혼하고자 하는 여성을 찾아가는 풍습이 있었다. 한번은 로단테가 세 명의 젊은 청년으로부터 구혼을 받았다. 세 명 모두 로단테에게 열렬히 구혼하였으므로, 그녀는 누구를 선택할지 망설이고 있었다. 하루는 그녀가 아폴론과 아르테미스가 봉헌된 신전에 몸을 숨기고 있었는데. 이 젊은이들이 신전 안까지 따라 들어왔다. 로단테는 그들 앞에 모습을 나타내어,

　"여기는 신성한 신전입니다. 신전을 더럽혀서는 안됩니다. 어서 돌아가세요."

　라고 상기된 얼굴로 외쳤다. 그러나 그 모습이 그들에게는 너무나 아름답고 고귀하게 보였다. 그래서 그들은,

　"로단테야말로 우리의 여신이다. 아르테미스 대신에 로단테를 저 좌대에 올리자."

라고 외쳤다. 그때 마침 아폴론이 그 신전 위를 지나가고 있었다. 무언가 지상에서 소동이 있는 것 같아 아래를 내려다 본 아폴론은, 로단테가 스스로 좌대 위로 올라가는 것으로 착각하였다. 그래서 매우 화가 나서 그녀의 발을 향해 태양빛을 쏘자, 로단테는 순식간에 그 자리에서 장미로 변했다.

그녀가 얼마나 아름다웠는지는, 꽃의 여왕이라는 장미로 모습이 바뀐 것으로도 알 수 있다. 또, 장미의 가시는 구혼자들을 감히 접근하지 못하게 한, 그녀의 높은 긍지를 나타내는 것이라고 한다. 세 명의 구혼자는 각각 쐐기벌레 · 벌 · 나비에 해당하며, 이들은 지금도 장미꽃 주위에 모여들고 있다. 그리고 로단테라는 이름은 현재 로단세라는 다른 꽃의 이름이 되어있다.

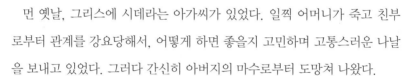

석류나무
연이 걸리지 않는 나무

먼 옛날, 그리스에 시데라는 아가씨가 있었다. 일찍 어머니가 죽고 친부로부터 관계를 강요당해서, 어떻게 하면 좋을지 고민하며 고통스러운 나날을 보내고 있었다. 그러다 간신히 아버지의 마수로부터 도망쳐 나왔다.

하지만 생각하기조차 싫은 자신의 몸을 슬퍼하며, 어머니의 무덤 앞에서 스스로 목숨을 끊는다. 이를 본 신이 그녀를 가엽게 여겨, 그녀의 혼을 석류나무에 깃들게 하고, 그의 아버지는 연으로 변하게 하였다. 그래서 지금도 석류나무 가지에는 연이 걸리지 않는다고 한다.

다른 이야기에 의하면, 그녀가 죽으면서 흘린 피에서 석류나무가 나왔으며, 신들은 그녀의 아버지를 솔개로 만들어버렸다고 한다. 그 때문에 고대 그리스인들은 솔개는 절대로 석류나무에 내려앉지 않는다고 믿었다.

옛 그리스어에서는 석류를 시데라고 불렀다.

아몬드나무

데모폰의 배신

아테네의 왕자 데모폰은 트로이 전쟁이 끝난 뒤, 고향으로 돌아가던 중에 갑자기 몰아친 폭풍우로 인해, 트라키아의 스트리몬 강 근처에서 표류하게 되었다. 이때 트라키아의 왕은 그를 반갑게 맞아 안정을 취하게 한 후, 아테네로 돌아갈 수 있도록 도와주었다. 이 과정에서 트라키아의 공주 필리스는 데모폰과 사랑에 빠지게 된다. 왕은 기꺼이 둘을 결혼시키고, 자신의 왕국을 딸의 지참금으로 주었다.

어느 날 데모폰은 왕에게,

"고국이 너무 그리워서 아테네에 잠시 다녀오겠습니다. 부디 허락해주십시오."

라고 간청하여, 허락을 받아내어 아테네로 떠난다. 이때 필리스는 항구까지 따라나가서 남편을 배웅하였다. 그리고 그에게 작은 상자 하나를 선물로 주며, 자신에게 돌아올 가망이 전혀 없어지면 열어보라고 했다.

그러나 아테네로 돌아온 데모폰은 필리스를 버리고, 크레타 섬의 공주와 결혼하였다. 필리스는 데모폰을 애타게 기다리며, 그를 배웅했던 항구까지 아홉 번이나 나가 배를 기다렸다. 아무리 기다려도 데모폰이 돌아오지 않자, 상심한 필리스는 그를 저주하며 스스로 목숨을 끊는다.

이를 가엽게 생각한 정조의 여신 아르테미스가, 그녀를 아몬드나무로 변신시켜주었다. 그러자 잎도 나오지 않은 나무에서 차례차례로 꽃이 피기 시작했다. 그때부터 아몬드나무는 잎이 나오기 전에 먼저 꽃이 피게 되었다고 한다. 또 가지로 변한 그녀의 양팔은 마치 기약없이 떠난 연인을 부르고 있는 듯이 보였다.

그 후 데모폰은 필리스가 마지막으로 한 말이 생각나서, 선물상자를 열어보고는 갑작스런 불안감에 휩싸이게 되었다. 그리고 타고 가던 말에서 떨어져서 자신의 칼에 찔려 그 자리에서 죽고 말았다.

■ **필리스** Phyllis
그리스어로 나뭇잎을 뜻하는 필라(phylla)는 필리스의 이름에서 유래된 것이다.

◀ **아몬드나무** almond
• 학명 : *Prunus dulcis*
• 원산지 : 터키, 시리아, 인도
• 꽃말 : 진실한 사랑, 희망, 기대

● 〈필리스와 데모폰〉
에드워드 콜리 번 존스

19

올리브나무
메데이아의 마법의 가지

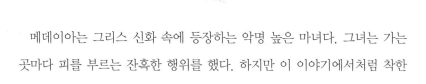

메데이아는 그리스 신화 속에 등장하는 악명 높은 마녀다. 그녀는 가는 곳마다 피를 부르는 잔혹한 행위를 했다. 하지만 이 이야기에서처럼 착한 일을 한 때도 있었다.

아이손 왕이 테사리아를 통치할 때였다. 그에게는 이아손이라는 아들과 마법을 잘 부리는 메데이아라는 며느리가 있었는데, 그녀의 마법은 남편에게 많은 도움을 주었다.

이아손은 아르고 원정대의 대장이었다. 아르고 원정대의 목적은 대함선 아르고 호를 타고, 그리스에서 흑해를 거쳐 동쪽 끝에 있는 콜키스로 가서 황금 양가죽을 되찾아오는 것이었다. 이아손은 온갖 모험을 겪은 후, 겨우 황금 양가죽을 손에 넣을 수 있었다. 이때 메데이아의 마법이 큰 도움이 되었다.

이후 황금 양가죽을 되찾아온 것을 축하하는 잔치가 열렸다. 이 자리에 아버지 아이손이 참석하지 못한 것을, 아들 이아손은 무척 가슴 아파했다. 아버지 아이손이 연로하고 거기다 병까지 들었기 때문이다. 이아손은 아내

메데이아에게,

> "지금까지 당신의 마법은 나에게 많은 도움을 주었소. 그 마법을 다시 한 번 나를 위해 써주지 않겠소? 내 수명의 일부를 떼어서 아버지에게 주고 싶소."

라고 말했다. 이 말을 들은 메데이아는,

> "나의 마법이 성공한다면, 당신의 수명을 희생하지 않더라도 아버님의 생명을 연장시킬 수 있을 거예요."

라고 말했다. 보름달이 떠오른 깊은 밤, 모든 생물이 잠들어있을 때, 메데이아는 살그머니 밖으로 나갔다. 천지는 바람 한 점 없이 고요했다. 그녀는 달과 별을 향해 주문을 외웠다. 그리고 지옥의 여신 헤카데와 대지의 여신 텔루스를 향해서도 주문을 외웠다. 이 여신들의 힘에 의해 마법에 효과가 있는 식물들이 자라나기 때문이다. 이렇게 주문을 외우는 사이에, 뱀이 이끄는 마차가 하늘에서 내려왔다. 메데이아는 마차를 타고 하늘 높이 올라갔다. 그곳에는 마법에 효험이 있는 식물들이 있는데, 메데이아는 그 중에 필요한 것만 골라 모았다.

여러 가지 약초를 모아서 돌아온 그녀는, 두 개의 제단을 만들었다. 하나는 헤카테, 다른 하나는 청춘의 여신 헤베를 위한 제단이었다. 그리고 검은 양 한 마리를 제물로 바치고, 우유와 포도주를 부었다. 그녀는 저승의 왕 하데스와 그의 비 페르세포네에게 시아버지의 생명을 급하게 가져가지 말아달라고 기도를 올렸다. 그리고 아이손을 제단 앞으로 데리고 와서 주문을 외어 죽은 사람과 같이 깊은 잠에 빠지게 한 후, 약초로 만든 침대 위에 뉘었다.

메데이아는 이런 비법이 밖으로 새어나가지 않도록, 이아손을 비롯한 모든 사람들이 그곳을 드나들지 못하게 하였다. 혼자가 된 그녀는 마법을 이어갔다. 우선 가마솥에 쓴 맛을 지닌 꽃과 씨가 붙은 마법의 풀과 먼 동쪽 끝에서 가져온 돌과 대양의 언덕에서 가져온 모래를 넣었다. 그리고 달빛 아래에서 모은 하얀 서리와 올빼미의 머리와 날개, 이리의 내장과 거북의 등껍질 가루와 수사슴의 간장과 까마귀의 머리와 부리를 차례로 넣었다. 그리고 이것을 마른 올리브 가지로 휘저으며 끓였다. 한참 후, 올리브 가지를 끄집어내자, 이상하게도 그 가지는 녹색으로 변해있었다. 그리고 순식간에 잎이 무성해지더니, 가지가 휠 정도로 많은 신선한 올리브 열매가 열렸다. 부글부글 끓어 넘친 가마솥의 액체가 떨어진 곳에 있던 풀은, 파릇파릇한 봄의 새싹과 같이 초록색으로 변했다.

　모든 준비가 끝나자, 메데이아는 아이손의 목을 조금 베어 그의 모든 피를 끄집어냈다. 그리고 그 상처를 통해 가마솥의 액체를 부어넣자, 새하얀 노인의 머리털과 수염이 청년의 것과 같이 새까맣게 변했다. 창백하던 얼굴에 핏기가 돌고, 혈관에는 피가 넘쳤으며, 사지에도 힘이 솟았다. 잠에서 깬 아이손은 자신이 40년 전의 젊은 모습으로 돌아간 것 같다고 생각했다.

● 〈이아손과 메데이아〉
존 윌리엄 워터하우스

뽕나무
피라모스와 티스베의 슬픈 사랑

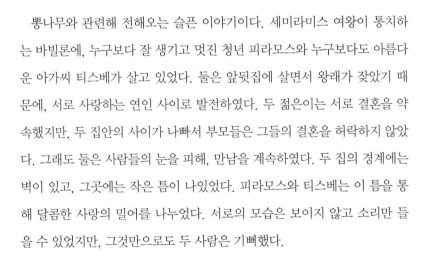

　뽕나무와 관련해 전해오는 슬픈 이야기이다. 세미라미스 여왕이 통치하는 바빌론에, 누구보다 잘 생기고 멋진 청년 피라모스와 누구보다도 아름다운 아가씨 티스베가 살고 있었다. 둘은 앞뒷집에 살면서 왕래가 잦았기 때문에, 서로 사랑하는 연인 사이로 발전하였다. 두 젊은이는 서로 결혼을 약속했지만, 두 집안의 사이가 나빠서 부모들은 그들의 결혼을 허락하지 않았다. 그래도 둘은 사람들의 눈을 피해, 만남을 계속하였다. 두 집의 경계에는 벽이 있고, 그곳에는 작은 틈이 나있었다. 피라모스와 티스베는 이 틈을 통해 달콤한 사랑의 밀어를 나누었다. 서로의 모습은 보이지 않고 소리만 들을 수 있었지만, 그것만으로도 두 사람은 기뻐했다.

　　"이 벽은 우리를 갈라놓는 미움의 벽이지만, 이것이 있기 때문에 우리는 사랑을 속삭일 수 있다."

　라고 하며 서로를 위로하였다. 그리고 밤이 되어 이별할 때가 되면, 벽에 키스하고,

"잘 자요, 티스베, 내일 또 만나요."
"잘 주무세요, 피라모스, 그리고 벽아, 우리의 비밀을 지켜줘."

라고 작별인사를 나누고는 돌아섰다.

그러나 더 이상 허락되지 않는 사랑을 참을 수 없었던 두 사람은, 몰래 다른 곳에서 만나기로 약속했다. 가족들이 잠든 틈을 타서, 마을에서 떨어져 있는 니노스의 무덤이 있는 곳에서 만나기로 한 것이다. 먼저 그곳에 도착한 쪽이, 샘 주위에 있는 흰뽕나무 아래에 앉아서 기다리기로 했다. 티스베는 베일로 얼굴을 가리고, 감쪽같이 집을 빠져나와 니노스의 무덤으로 갔다. 그리고 약속한 그 뽕나무 아래 앉아서 피라모스가 오기를 기다렸다. 주위가 점점 어두워질 무렵, 사자 한 마리가 물을 먹으려 샘으로 다가왔다. 방금 무엇을 잡아먹었는지, 입 주위는 온통 피투성이였다. 놀란 티스베는 바위틈에 몸을 숨기기 위해 뛰어가다가, 베일을 떨어뜨리고 말았다. 물을 마신 사자는 땅에 떨어진 베일을 발견하고, 그것을 물고 흔들다가 갈기갈기 찢어버리고는 어디론가 가버렸다.

그리고 피라모스가 도착했다. 샘 주위에 사자 발자국이 있는 것을 보고, 그는 새파랗게 질려버렸다. 거기다 피로 물든 베일이 땅에 떨어져 있는 것을 보고, 티스베가 사자에게 희생되었다고 생각했다.

"내가 늦게 와서 나의 목숨보다 소중한 당신이 사자에게 잡아먹히게 되었구려. 그대를 이런 위험한 곳에 오게 하여, 홀로 있게 한 것이 내 잘못이오. 나도 그대의 뒤를 따라 가겠소."

피라모스는 티스베의 베일을 들고 뽕나무 밑으로 가서, 칼을 뽑아 자신의 가슴을 찔렀다. 상처에서 피가 샘솟듯이 뿜어져 나와 땅에 흘렀다. 그리고 그 피가 뽕나무 뿌리까지 닿았으며, 다시 줄기를 타고 위로 전해져서, 흰색이던 뽕나무 열매가 붉은색으로 변했다.

그때까지 바위틈에 숨어있던 티스베가 나와서, 뽕나무가 있는 곳으로 갔다. 조금 전까지 흰색이던 뽕나무 열매가 붉은색으로 변해있는 것을 보고, 그곳이 약속한 장소인지 의심했다. 그리고 그 밑에 쓰러져 있는 사람이 피라모스라는 것을 알고, 비명을 지르며 마구 자기 가슴을 때렸다.

"피라모스! 도대체 이게 어떻게 된 일이예요. 나는 누구보다 당신을 사랑하기 때문에 당신을 따라가겠어요. 이제 죽는 것은 두렵지 않아요.
그리고 뽕나무여! 언제까지나 너의 열매가 우리의 피로 붉게 물들어져 있음으로써, 우리의 슬픈 사랑의 이야기를 전해다오."

라고 말하고, 그 칼로 자신의 가슴을 찔렀다.

두 사람의 이야기를 알게 된 양가의 부모는, 그제야 두 사람이 얼마나 진실한 사랑했는지를 깨닫게 되었다. 그리고 둘을 같은 무덤에 묻어주었다. 그 이후로 뽕나무는 붉은색 열매를 맺는다고 한다.

■ **피라모스** Pyramus**와 티스베** Thisbe
피라모스와 티스베의 비극적인 사랑이야기를 모티브로, 셰익스피어의 ≪로미오와 줄리엣
(Romeo and Juliet)≫이 나왔다고 한다.

◀ **뽕나무** Mulberries
• **학명** : *Morus*
• **원산지** : 세계의 온대 및 아열대 지방
• **꽃말** : 못 이룬 사랑, 지혜

◉ 〈피라모스와 티스베〉
클로드 고테로

호두나무

디오니소스의 저주

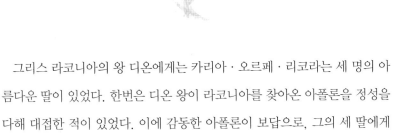

그리스 라코니아의 왕 디온에게는 카리아·오르페·리코라는 세 명의 아름다운 딸이 있었다. 한번은 디온 왕이 라코니아를 찾아온 아폴론을 정성을 다해 대접한 적이 있었다. 이에 감동한 아폴론이 보답으로, 그의 세 딸에게 예언할 수 있는 능력을 주었다. 그리고 절대로 신들의 비밀을 밝히려하거나, 신들의 뒤를 캐는 일은 하지 말라는 경고도 덧붙였다.

그 뒤 디오니소스가 라코니아를 방문했을 때도, 디온 왕은 전과 같이 정성을 다해 대접하였다. 디오니소스가 궁전에 머무는 동안, 디온 왕의 딸 카리아와 사랑에 빠지게 되었다. 때가 되어 디오니소스는 궁을 떠났다가, 사랑하는 카리아가 보고 싶어 다시 돌아왔다. 그리고는 디온이 자신을 위해 세워준 신전을 보기 위해서 왔노라고 둘러댔다.

이때 오르페와 리코는 카리아와 디오니소스의 관계를 의심하며, 둘의 밀애를 방해하였다. 이에 디오니소스는 전에 아폴론이 경고한 것을 상기시키며, 주의를 주었지만 소용이 없었다. 결국 화가 난 디오니소스는 오르페와 리코를 미치게 만들어, 절벽에서 뛰어내려 바위로 변하게 하였다. 그리고 연인 카리아는 딱딱한 견과가 열리는 호두나무로 만들어 주었다.

■ **카리아** Carya

그리스에서는 주름이 많은 호두껍질이 사람의 뇌(그리스어로 뇌를 카리아고 한다)와 닮았다 하여 카리욘이라 부른다. 이들은 모두 카리아의 이름에서 유래된 것이다.

◀ **호두나무** persian walnut
  - 학명 : *Juglans regia*
  - 원산지 : 발칸 반도, 유라시아 대륙
  - 꽃말 : 지성

참나무
오르페우스의 죽음

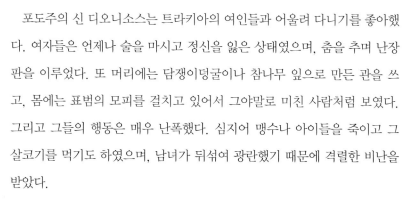

　포도주의 신 디오니소스는 트라키아의 여인들과 어울려 다니기를 좋아했다. 여자들은 언제나 술을 마시고 정신을 잃은 상태였으며, 춤을 추며 난장판을 이루었다. 또 머리에는 담쟁이덩굴이나 참나무 잎으로 만든 관을 쓰고, 몸에는 표범의 모피를 걸치고 있어서 그야말로 미친 사람처럼 보였다. 그리고 그들의 행동은 매우 난폭했다. 심지어 맹수나 아이들을 죽이고 그 살코기를 먹기도 하였으며, 남녀가 뒤섞여 광란했기 때문에 격렬한 비난을 받았다.

　그 중에서도 오르페우스가 가장 격렬하게 그들의 만행을 비난하였다. 그의 노래와 리라 연주는 초목과 짐승들까지도 감동시켰다고 할 정도로 뛰어났다. 그리고 아내 에우리디케가 죽었을 때, 그의 훌륭한 연주 솜씨로 저승까지 내려가 아내를 데려오려 했지만 이루지는 못했다.

　트라키아의 여인들은 애처가 오르페우스가 자신들을 무시한다고 여겨 분노했다. 그러던 중에, 디오니소스 의식을 통해 광기에 빠져 있는 트라키아 여인들의 눈에, 숲 속을 거니는 오르페우스가 띄었다. 여인들은 미친 듯이 달려들어 오르페우스를 둘러싸고, 그의 몸을 갈가리 찢어 죽였다.

이러한 행위를 보고 올림포스의 신들이 가만히 있을 리가 없었다. 디오니소스에게, 트라키아의 여인들이 오르페우스를 살해한 책임을 엄중하게 묻도록 하였다. 그래서 그는 오르페우스의 살해에 가담한 자를 한 명도 남기지 않고 참나무로 변하게 하였다.

오르페우스의 죽음에 관해서는 다른 이야기가 전해지는데, 그는 느릅나무 아래에서 안식을 취하거나 노래를 부르다가, 조용히 죽었다고도 한다.

● 〈오르페우스의 죽음〉
에밀 레비

참나무

예언자 멜람포스

그리스 남단 펠레폰네소스 반도의 코린토스 지역에 멜람포스라는 예언자
가 있었다. 멜람포스란 '검은 다리'라는 뜻으로, 어미가 아들을 낳아 그늘
에 뉘어놓았는데, 발에 햇빛이 들어 다리만 검게 되었다 해서 붙여진 이름
이다. 그는 인간이면서 신의 도움을 받지 않고 예언할 수 있는 능력을 가진
최초의 예언자였다.

멜람포스는 어떻게 해서 예언할 수 있는 능력을 가지게 되었을까? 그의
집 앞에는 아름드리 참나무가 한 그루 있었는데, 그 밑동은 뱀의 소굴이었
다. 어느 날, 이 참나무 밑동에 살던 뱀이 멜람포스의 하인을 물어 죽였다.
그러자 하인들이 몰려나와 이 참나무를 쓰러뜨리고, 그 안에 있던 늙은 뱀
들을 모두 잡아 죽였다. 뱀은 새끼를 거느리고 있었는데, 하인들이 이마저
죽이려던 것을 그가 만류하여 저지한 후 정성을 다해 돌보아 주었다. 새끼
뱀은 나날이 몰라보게 자랐다.

어느 날, 멜람포스가 참나무 밑에서 자고 있는데, 뱀이 와서 그의 귀를 부
드럽게 핥았다. 잠에서 깨어난 멜람포스는 제 귀를 의심했다. 새들이 짹짹

거리는 소리를 비롯하여 야생동물, 심지어는 벌레들이 저희들끼리 나누는
소리가 그의 귀에 들렸기 때문이다. 또한 그는 앞일을 예견하는 초자연적인
능력까지 지니게 되었다.

　한번은 멜람포스가 억울한 누명을 쓰고 옥살이를 한 적이 있었다. 멜람
포스는 적막한 밤에 감옥의 기둥 안에 사는 벌레들이 나누는 이야기를 들
었다.

　　"흰개미라는 놈들이 이 집 기둥을 다 쏠았어. 지붕이 곧 내려앉을 것 같아.
　　그러니 우리도 내일은 이곳을 떠나 다른 곳으로 가자."

　멜람포스는 바로 간수를 불러 이 사실을 귀띔해주었다. 간수들은 처음에
는 그의 말을 믿지 않았다. 하지만 멜람포스에게 예언의 능력이 있다는 것
을 알게 된 간수들은, 그날 하루만 감옥을 비우기로 했다. 그래서 죄수들을
옆에 있는 다른 건물로 옮기기로 했다. 모두가 방을 옮기자, 잠시 후 감옥의
지붕이 내려앉았다. 간수들은 멜람포스가 예사롭지 않은 예언자임을 알고
그를 풀어 주었다.

그리스신화 속 꽃 스토리텔링

참나무
자기 딸을 파는 에리시크톤

테살리아의 왕 에리시크톤은 믿음이 없는 자로, 신을 무서워하지 않고 여러 가지 악한 행동을 서슴지 않았다. 그는 식당을 지을 재목이 필요하자, 데메테르 여신에게 봉헌된 신성한 숲에 있는 나무를 잘라서 사용하도록 지시하였다. 이 숲에는 큰 참나무가 한 그루 있었는데, 어찌나 컸던지 한 그루가 숲으로 보일 정도였다. 나무줄기에는 소원을 담은 꽃바구니가 걸려있고, 또 그 소원이 이루어진 것에 대해 감사를 표하는 말도 새겨져 있었다. 여신의 경고가 여러 차례 있었음에도 불구하고 에리시크톤은,

"여신이 총애하는 나무라도 나와는 상관이 없다. 설령 이 나무가 여신이라 할지라도 내 앞 길을 방해한다면, 이 기회에 베어버리겠다."

라고 말하며, 주저하는 하인의 도끼를 빼앗아 나무를 향해 내리쳤다. 참나무는 떨면서 신음소리를 냈다. 그가 그것을 무시하고 마구 도끼를 내리치자, 나무줄기에서 피가 흘러나왔다. 그러자 나무에게서,

"나는 이 참나무에 살고 있는 데메테르의 총애를 받는 님프다. 네가 이 나

무를 베어버리면 나도 죽게 될 것이다. 하지만 너도 무사하지는 못할 것이
다. 곧 신의 벌을 받게 될 것이다."

라는 소리가 들려왔다. 하지만 그는 도끼질을 멈추지 않았다. 결국 참나
무는 요란한 소리를 내며 쓰러졌다.

숲의 님프 하마드리아스들은 상복을 입고 데메테르에게 몰려가서, 에리
시크톤에게 벌을 내려주기를 간청했다. 님프의 죽음을 알게 된 데메테르는
그에게 무거운 벌을 주기로 결정했다. 그리고 그를 굶주림의 여신 리모스에
게 넘겼다. 리모스가 에리시크톤의 집으로 가서, 자고 있는 그의 혈관 속에
독을 불어 넣었다.

허기가 진 꿈을 꾸고 잠에서 깨어난 에리시크톤은, 견딜 수 없을 정도로
배가 고팠다. 그래서 눈앞에 보이는 물건은 무엇이든지 모조리 먹어치웠
다. 그러나 그것만으로 배고픔은 사라지지 않았으며, 먹으면서도 계속해
서 배고픔을 호소했다. 그는 한 도시의 사람들이 먹을 만큼 많은 양의 음
식을 먹었는데도, 만족할 수 없었다. 먹으면 먹을수록 더 배가 고파지는
것 같았다.

식욕으로 인해 잠깐 사이에 전 재산은 탕진하고, 이제 딸만 남게 되었다.
마침내 그는 자기 딸 메스트라까지 노예로 팔아서 식욕을 채웠다. 그는 딸
을 사랑했기 때문에 그것만큼은 하고 싶지 않았지만, 배고픔을 이기지는 못
했다.

노예로 팔려간 메스트라는,

"제가 무엇을 잘못했습니까? 노예로 팔려갈 정도로 나쁜 일을 저질렀다고
는 생각하지 않습니다. 제발 저를 집으로 돌려 보내주세요."

라고 바다의 신 포세이돈에게 기도를 드렸다. 포세이돈은 이전부터 메스
트라가 마음에 들었기 때문에, 그녀의 소원을 들어주었다. 그래서 그녀의

모습을 어부로 바꾸어주었다. 자신이 산 노예가 갑자기 사라져버리자, 주인은 노예를 찾아 이곳저곳을 돌아다녔다. 그리고 해변에 있던 어부에게,

"여보시오. 방금까지 이곳에 있던 처녀를 보지 못했소?"

라고 물었다. 물론 어부는 모른다고 대답했다. 그 어부가 자신이 찾고 있는 처녀라는 것을 알지 못하고, 찾는 것을 포기하고 어디론가 가버렸다. 그러자 어부는 원래 처녀의 모습으로 돌아와 무사히 아버지에게 돌아갈 수 있었다.

에리시크톤이 딸을 팔아 버릴 때마다, 포세이돈은 그녀를 말이나 소, 암사슴 등으로 변신시켜 주인으로부터 도망칠 수 있게 해주었다. 이런 비열한 짓까지 해가면서 먹을 것을 구했지만, 그의 배고픔은 해결되지 않았다. 마침내 에리시크톤은 자신의 사지를 뜯어먹기 시작했다. 마지막에는 자기의 몸뚱이를 먹음으로써 배고픔을 면하려 했지만, 결국 죽음으로써 데메테르의 복수로부터 벗어날 수 있었다.

참나무 Oak
- 학명 : *Quercus*
- 원산지 : 북반구의 온대와 열대
- 꽃말 : 번영

● 〈자신의 딸 메스트라를 파는 에리시크톤〉
얀 스틴

느릅나무
오르페우스와 에우리디케

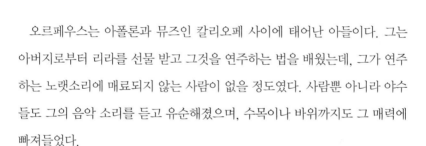

오르페우스는 아폴론과 뮤즈인 칼리오페 사이에 태어난 아들이다. 그는 아버지로부터 리라를 선물 받고 그것을 연주하는 법을 배웠는데, 그가 연주하는 노랫소리에 매료되지 않는 사람이 없을 정도였다. 사람뿐 아니라 야수들도 그의 음악 소리를 듣고 유순해졌으며, 수목이나 바위까지도 그 매력에 빠져들었다.

오르페우스의 아내는 물의 님프 에우리디케이다. 둘의 결혼식에, 혼인의 신 히메나이오스도 초대를 받았다. 그런데 그는 참석은 했지만, 아무런 축하의 선물도 준비해오지 않았다. 도리어 그가 들고 온 횃불에서 매캐한 연기가 나서, 사람들이 모두 눈물을 흘렸다. 이런 좋지 않은 전조 때문인지, 에우리디케는 결혼 후 얼마 되지 않아 뱀에 물려 죽고 말았다.

오르페우스는 깊은 슬픔에 빠졌다. 그가 연주하는 리라와 노랫소리는 너무나 슬퍼서 눈물을 흘리지 않는 생물이 없을 정도였다. 세상은 온통 비탄의 늪에 빠진 것 같았다. 그러던 어느 날, 오르페우스는 어떤 위험을 무릅쓰고라도, 저승에 내려가 아내를 데려와야겠다고 마음먹었다.

저승으로 가는 길에 만난 뱃사공 카론과 머리가 셋인 괴물 케르베로스도 오르페우스의 리라 소리를 듣고는 그를 통과시켜주었다. 그래서 그는 무사히 저승의 신 하데스가 있는 곳까지 갈 수 있었다. 하데스는 처음에는 오르페우스의 소원에 귀를 기울이려고 하지 않았으나, 그가 연주하는 리라 소리를 듣고 마음이 움직였다. 그리고 하데스는,

"이런 아름다운 음악은 처음 들어본다. 네가 이렇게 간절하게 원하니, 너의 소원을 들어주도록 하겠다."

라고 말했다. 오르페우스가 지하세계에 있는 아내를 데리고 가고 싶다는 소원을 말했다. 하데스는 그의 소원을 들어주겠다고 했다. 다만 지상으로 돌아가 전까지, 뒤따라가는 에우리디케를 절대로 돌아봐서는 안 된다고 경고했다. 오르페우스는 그렇게 하기로 하고, 그녀를 데리고 가파른 길을 따라 지상으로 올라가기 시작했다. 마침내 밝은 지상세계로 통하는 출구에 다다랐을 때, 오르페우스는 하데스와 한 약속을 깜빡 잊고, 에우리디케가 잘 따라오는지 확인하기 위해 뒤를 돌아보았다. 그 순간 에우리디케는 슬픔에 잠긴 눈으로 그를 쳐다보며 마지막 인사를 했다.

"이제 영원히 이별이에요. 안녕!"

에우리디케를 데려오지 못한 오르페우스는, 리라를 연주하며 슬픔을 잊으려 했다. 그리고 리라 소리에 감명을 받은 대지는, 새로운 생명을 키워 마침내 커다란 느릅나무 숲을 만들어 냈다. 오르페우스는 그 느릅나무 그늘 아래에서 노래를 부르며, 사색하거나 안식을 취하며 지냈다.

마침내 오르페우스는 죽음의 순간이 가까웠음을 깨달았다. 그것은 그에게 있어서 기쁨이었다. 더 이상 아내가 없는 지상세계에서는 살고 싶은 마음이 없었기 때문이다. 그리고 그 자리에 엎드리자 자는 것처럼 숨을 거두

었다. 이윽고 에우리디케와 저승에서 재회한 오르페우스는, 두 번 다시 헤어지지 않고 행복하게 살았다고 한다.

이것이 느릅나무를 '오르페우스의 나무'라 부르는 이유이다.

뮤즈 Muse

춤과 노래 · 음악 · 연극 · 문학에 능한 예술의 여신이다. 고대인들은 뮤즈를 무사(Musa)라 불렀는데, 이는 '상상하다', '명상하다'라는 뜻의 고대 그리스어에서 유래된 것이다. 이들은 여러 명의 자매 여신들로 나타날 때가 많았기 때문에, 복수형 무사이(Musai)라 불리기도 했다.

◀ **느릅나무** elm
- 학명 : *Ulmus davidiana var. japonica*
- 원산지 : 한국, 중국, 일본
- 꽃말 : 위엄

● 〈에우리디케의 죽음을 슬퍼하는 오르페우스〉
아리 세페르

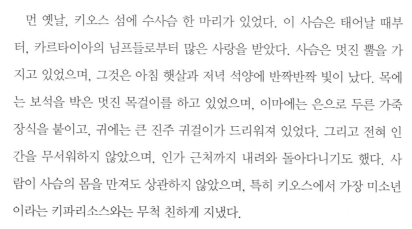

사이프러스

키파리소스의 슬픔

먼 옛날, 키오스 섬에 수사슴 한 마리가 있었다. 이 사슴은 태어날 때부터, 카르타이아의 님프들로부터 많은 사랑을 받았다. 사슴은 멋진 뿔을 가지고 있었으며, 그것은 아침 햇살과 저녁 석양에 반짝반짝 빛이 났다. 목에는 보석을 박은 멋진 목걸이를 하고 있었으며, 이마에는 은으로 두른 가죽 장식을 붙이고, 귀에는 큰 진주 귀걸이가 드리워져 있었다. 그리고 전혀 인간을 무서워하지 않았으며, 인가 근처까지 내려와 돌아다니기도 했다. 사람이 사슴의 몸을 만져도 상관하지 않았으며, 특히 키오스에서 가장 미소년이라는 키파리소스와는 무척 친하게 지냈다.

소년도 이 사슴을 애지중지하며 귀여워했으며, 무엇보다도 자랑스럽게 생각하고 있었다. 사슴에게 풀을 먹이거나 물을 마시게 하는 것은, 그의 중요한 일과였다. 화환을 만들어 사슴의 뿔을 장식해주기도 했으며, 때로는 그 위에 타고 말처럼 몰고 다니기도 했다.

어느 더운 여름날이었다. 키파리소스는 아폴론과 창던지기를 하느라 정신이 팔려있었다. 그때 키파리소스가 기르던 사슴이 샘에 물을 마시러 가는 것을 보고, 산짐승으로 오인하여 창을 던졌다. 창은 사슴을 명중시켜, 그 자리에서 피를 토하며 가쁜 숨을 몰아쉬었다. 사슴이 죽어가는 모습을 본 키파리소스는,

"내가 사슴을 죽였구나. 모두 내 잘못이야."

라고 슬퍼했다. 그리고 사슴이 서서히 죽어가자,

"나도 사슴을 따라가겠다. 사슴과 함께 죽어버리겠다."

라고 하며, 비통해했다.
키파리소스를 사랑하는 아폴론이, 여러 가지 위로의 말을 해주었다.

"사슴의 죽음은 운명이니까 받아들여야 한다. 너무 슬퍼하거나 비통해해서는 안된다."

라고 충고도 해주었지만, 이런 아폴론의 말은 그의 귀에 들어오지 않았다. 그리고 아폴론에게,

"언제까지나 슬퍼하며, 이대로 있게 해주세요. 저 사슴이 죽은 것은 순전히 제 탓이니까요. 이것은 저의 마지막 소원입니다."

라고 말했다. 그리고 그는 계속된 슬픔으로 인해 피가 말라버리고, 머리카락도 거꾸로 서더니 굳어져서 나뭇가지처럼 보였다. 그의 신체는 점점 녹색으로 변하기 시작하더니, 마침내 사이프러스 나무로 변했다. 사이프러스cypress가 그리스어로 키파리소스cyparissos라 불리는 것도 이 때문이다. 그리고 아폴론은,

"너의 죽음을 슬퍼하는 것이 내가 해야 할 일이다. 그 대신에 너는 슬픔에 잠긴 모든 사람들의 친구가 되어다오."

라고 말했다.

그 후로 사이프러스는 '슬픔의 나무'라 불리게 되었으며, 시어詩語에서 죽음의 상징으로 사용되었다. 그래서 그리스와 로마에서는 묘지 주변에 사이프러스를 많이 심었다고 한다.

▦ **키프로스** Cyprus
키프로스는 지중해에서 세 번째로 큰 섬으로, 사이프러스라고도 한다. 이 섬의 주민들은 사이프러스 나무를 숭배했으며, 섬의 이름도 이 나무의 이름이 유래된 것이다.

◀ **사이프러스** cypress
• 학명 : *Cupressus sempervirens*
• 원산지 : 아프가니스탄, 이란, 지중해
• 꽃말 : 죽음, 애도, 절망

● 〈아폴론과 키파리소스〉
마리 클로드 피에트라갈라

그리스신화 속 꽃 스토리텔링

포플러
파에톤의 추락

파에톤은 태양신 아폴론과 님프 클리메네 사이에 태어난 아들이다. 하지만 친구들에게 자신의 아버지가 아폴론이라고 이야기했지만, 아무도 믿지 않고 오히려 놀리기만 했다. 그래서 화가 난 파에톤은 집으로 돌아와 어머니 클리메네에게,

"어머니는 제가 아폴론의 자식이라고 했는데, 사실입니까? 친구들은 누구도 내 말을 믿지 않습니다. 모든 친구들에게 내가 아폴론의 아들이라는 증거를 보여주십시오."

라고 따져 물었다. 그러자 클리메네는,

"너는 어째서 내 말을 믿지 않느냐? 내 말이 거짓이라면, 지금 당장 내가 죽어도 마땅할 것이다. 그렇게 의심한다면 네가 태양신에게 가서, 너를 자기 아들로 인정하느냐고 직접 물어보아라."

라고 말했다. 이 말을 들은 파에톤은 뛸 듯이 기뻐하며, 아폴론이 살고 있는 해가 뜨는 나라를 향해 길을 떠났다. 이 세상의 동쪽 끝까지 가서 험한 오르

막길 오르자, 태양신의 궁전이 보였다. 황금과 보석으로 빛나는 궁전은 너무나 눈이 부셔서, 안으로 들어갈 수가 없을 정도였다. 그리고 궁전 안쪽에 보라색 옷을 입고 번쩍번쩍 빛나는 왕좌에 아폴론이 앉아있었다. 아폴론은 파에톤을 보자, 도대체 무슨 일로 자신을 찾아왔는지 물었다. 파에톤이 그 이유를 이야기하자, 아폴론은,

"너는 틀림없이 내 아들이 맞다. 그리고 너의 어머니가 말한 것은 모두 사실이다. 그 증거로 네가 바라는 것이 있다면 말해보아라. 무엇이든지 다 들어주겠다."

라고 약속했다. 그러자 파에톤은,

"하루만이라도 좋으니, 태양마차를 몰게 해주십시오. 그러면 내 친구들이 나의 아버지가 누구인지 확실히 알게 될 것입니다."

라고 말했다. 아폴론은 무엇이든 다 들어주겠다고 한 약속을 후회하며, 그 소원만은 취소하라고 했다.

"나 외에는 저 타오르는 태양마차를 부릴 수 있는 자는 없단다. 무서운 오른 팔로 번개를 던지는 제우스조차도 이것만은 불가능하다. 하물며 인간인 네가 어떻게 태양마차를 부리겠다고 하느냐? 태양마차는 몰다가 죽을 수도 있을 정도로 위험한 마차다.
내가 이 정도로 너를 위해 걱정하는 것을 보면, 내가 너의 아버지라는 사실이 확실하지 않느냐? 나와 너 자신을 위해서 그 소원만은 취소하거라."

라고 필사적으로 설득해보았지만, 파에톤은 소원을 굽히지 않았다. 결국 아폴론은 설득을 포기하고, 그를 태양마차가 있는 곳으로 데리고 갔다. 태양마차는 대장장이의 신 헤파이스토스가 선물한 것으로, 네 마리의 말이 끄는 황금과 보석으로 장식된 마차였다. 회전축과 기둥, 그리고 바퀴는 모두 황금으로 만들어져있고, 바퀴살만은 은으로 되어 있었다. 좌석의 측면에는

감람석과 금강석이 박혀있는데, 이것이 태양광선에 반사되어 반짝반짝 빛이 났다. 아폴론은 달의 여신이 물러나고 지구가 붉게 빛나는 것을 보고, 시간의 신들에게 말에 마구를 준비하라고 명령했다.

아폴론은 걱정되었지만, 준비가 끝나자 파에톤에게 고삐를 넘겨주었다. 의기양양하게 태양마차를 탄 파에톤은 아버지에게 감사하다는 말을 되풀이하며, 새벽의 여신이 보라색 동쪽 문을 열어주자 힘껏 달리기 시작했다.

말들은 마부가 여느 때와는 다르다는 것을 알아차리고, 갑자기 당황해서 평소에 돌던 궤도를 벗어나 달리기 시작했다. 그러자 파에톤은 놀라 어찌할 바를 몰라 당황해하고, 이를 보고 있던 아폴론은 공포에 떨기 시작했다. 마침내 태양마차는 파에톤의 힘으로는 감당할 수 없을 지경에 이르렀으며, 하늘의 길을 벗어나 제멋대로 달리기 시작했다. 너무 높이 하늘로 올라갔기 때문에 큰곰자리와 작은곰자리가 그슬렸으며, 전갈자리는 파에톤을 향해 독을 뿜어내었다.

파에톤은 공포에 질린 나머지, 그만 고삐를 놓치고 말았다. 그리고 정신을 잃어버리자, 태양마차는 제멋대로 달리기 시작했다. 태양마차가 하늘 높이 올라갔다고 생각하는 순간, 이번에는 지면으로 곤두박질쳤다. 숲이 우거진 산들은 불타고, 높은 산에 쌓여있던 눈은 녹아내렸으며, 식물들은 말라죽고, 곡식들도 불타버렸다. 님프가 사는 호수와 강도 물이 말라버려, 더 이상 살 수가 없게 되었다.

지면에 생긴 갈라진 틈으로 햇빛이 들어가서, 지하세계의 왕과 왕비는 무슨 일이 일어났는가 하고 놀랐다. 바다의 신 네레우스와 그의 아내 도리스까지도 제일 깊숙한 바닷속 동굴로 숨어버렸다. 포세이돈도 물 위로 얼굴을 내밀었지만, 너무 뜨거워서 다시 바닷속으로 모습을 감출 정도였다. 이때 에티오피아 사람들은 피부색이 검게 변했으며, 사하라 사막과 베수비오 화산

이 생겨났다고 한다. 세상이 온통 작열지옥으로 변한 것이다.

이를 본 제우스는,

"무언가 손을 쓰지 않으면, 세상이 몽땅 불타버리겠다."

라고 말하며, 높은 탑 위로 올라갔다. 이 탑은 제우스가 지상에 구름을 보내고, 번갯불을 던지는 곳이었다. 제우스는 여기에서 천둥소리를 일으켜, 오른손에 가지고 있던 번갯불을 태양마차를 향해 던졌다. 번갯불을 맞은 마차는 산산조각 나고, 파에톤은 마차에서 떨어졌다. 머리털에 불이 붙어, 추락하는 유성처럼 거꾸로 떨어져 죽고 말았다. 강의 신 에리다노스는 그를 받아들여, 불길에 휩싸인 그의 시체를 식혀주었다.

파에톤의 누이들은 오빠의 죽음을 슬퍼하며, 그의 묘석에 엎드려 밤낮으로 그의 이름을 불렀다. 네 달이 지나도 그녀들의 슬픈 울음은 그치지 않았다. 그리고 마침내 그는 에리다노스 강가에 포플라로 변했다. 또 끊임없이 흐르는 누이들의 눈물은 강에 떨어져 호박보석의 일종이 되었다.

● 〈파에톤의 추락〉
페테르 파울 루벤스

28개의 카테고리로 알아 보는
한국의 조경수 1

251종의 조경수 수록
우리나라 조경수의 바이블

- 저자 : 이광만 · 소경자 지음
- 쪽수 : 392쪽
- 정가 : 30,000원
- 크기 : 190×240mm

28개의 카테고리로 알아 보는
한국의 조경수 2

전원주택 정원 조성의
길라잡이

- 저자 : 이광만 · 소경자 지음
- 쪽수 : 392쪽
- 정가 : 30,000원
- 크기 : 190×240mm

4단계 분류법에 따라 나뭇잎을 구별한다
나뭇잎 도감 개정판

나뭇잎 4단계 분류법
나뭇잎으로 나무이름 알기

- 저자 : 이광만 · 소경자 지음
- 쪽수 : 296쪽
- 정가 : 30,000원
- 크기 : 112×182mm

4단계 분류법에 따라 겨울눈을 구별한다
겨울눈 도감

국내 유일의 겨울눈 도감
겨울눈 4단계 분류법

- 저자 : 이광만 · 소경자 지음
- 쪽수 : 200쪽
- 정가 : 28,000원
- 크기 : 112×182mm

나미 부부의
성경 속 나무 스토리텔링

나무를 통한 재미있는
성경읽기

- 저자 : 이광만 · 소경자 지음
- 쪽수 : 296쪽
- 정가 : 20,000원
- 크기 : 152×225mm

나무의 신화와 전설
나무 스토리텔링

나무 세계의 신화와 전설

- 저자 : 이광만 지음
- 쪽수 : 312쪽
- 정가 : 15,000원
- 크기 : 152×225mm

그림으로 보는
식물용어사전

500여 장의 식물사진과
300여 장의 식물일러스트 삽입

- 저자 : 이광만 · 소경자 지음
- 쪽수 : 224쪽
- 정가 : 28,000원
- 크기 : 190×260mm

나미 부부의
그리스신화 속 꽃 스토리텔링

그리스신화 속에 나오는
재미있는 식물 이야기

- 저자 : 이광만 · 소경자 지음
- 쪽수 : 264쪽
- 정가 : 17,000원
- 크기 : 152×225mm

나무와문화 연구소

나무와문화 연구소 _cafe.naver.com/namuro

조경수, 정원, 식물도감 등 조경에 대한 종합적인 정보를
제공하는 사이트로, 본 연구소에서 발간한 책에 표시된 QR
코드는 카페의 상세 정보와 링크되어 있다.